**Gebrauchsanweisung
für Los Angeles**

Rainer Strecker

Gebrauchsanweisung für Los Angeles

Mit einem Vorwort von Cornelia Funke

Piper München Zürich

Mehr über unsere Autoren und Bücher:
www.piper.de

Textzitate von Danny DeVito aus »L.A. Confidential«,
Warner Bros./New Regency Productions, 1997.

ISBN 978-3-492-27631-3
© Piper Verlag GmbH, München 2013
Redaktion: Mattthias Teiting, Duisburg
Satz: le-tex publishing services GmbH, Leipzig
FSC-Papier: Munken Premium von Arctic Paper
Munkedals AB, Schweden
Druck und Bindung: CPI – Clausen & Bosse, Leck
Printed in Germany

Für meine beiden Söhne
Linus und Kamil

Inhalt

Vorwort

Wenn man in Los Angeles lebt, passiert es oft, dass man seinen Besuchern dabei zusieht, wie sie sich in die Stadt verlieben. Obwohl die meisten in der Erwartung herkommen, dass sie L. A. verabscheuen werden. Ich selbst war nicht anders! »Warum nicht Washington? Warum nicht Chicago?«, höre ich mich noch seufzen, nachdem ich erfahren hatte, dass ich für die *Book Expo America* ausgerechnet nach Los Angeles würde reisen müssen. Ich hätte jeden ausgelacht, der mir prophezeit hätte, dass ich diese Stadt einmal Heimat nennen und sie mehr lieben würde als jede andere.

Aber wo sonst kann man in wilden Canyons spazieren gehen, in denen man seinen Hund vor Kojoten und Klapperschlangen beschützen muss, und hat doch die große Stadt gleich um die Ecke? Delfine und Pelikane in Malibu, Luchse und Berglöwen im Franklin Canyon, Opossums und Ochsenfrösche im Garten (von den Pfirsichen und Zitronen ganz zu schweigen), und kaum zehn

Minuten entfernt das LACMA Museum oder ein Café in Hollywood. Los Angeles ... anders als alles, womit ich aufgewachsen bin. Und durch tausend Filmbilder doch so vertraut. Geschichte geschrieben in Kulissen und Leinwanderinnerungen, eingebettet in eine so ungezähmte Natur, dass es die Europäerin in mir immer noch und jeden Tag aufs Neue das Staunen lehrt. Ahhhh, Los Angeles! 128 Sprachen – so ungefähr – und eine Kultur, die sich jeden Tag neu erfindet. Die halbe Stadt spricht Spanisch, aber es gibt auch Viertel, in denen alle Ladenschilder koreanisch sind. Was immer man sein will, hier kann man es sein. L. A. lässt einen Seiten an sich entdecken, von denen man an anderen Orten nichts wusste. Es ist, als triebe das Herz bei dem guten Wetter und in den wilden Canyons neue tropische Blüten. Los Angeles zeigt mir die Welt, wie sie ist – ungeschminkt, auch wenn Schminke hier oft zum Geschäft gehört. Die Stadt weiß alles über die Schatten und das Licht unserer modernen Zeiten. Über den Albtraum und die Chancen in unseren großen Städten ...

Als Rainer Strecker mich und die Stadt der Engel zum ersten Mal besuchen kam, arbeiteten wir bereits seit vielen Jahren zusammen. Wir hatten auf zahlreichen Bühnen gemeinsam gelesen, und meine Worte klangen, selbst wenn ich sie schrieb, inzwischen oft nach seiner Stimme. Aber ich war nicht sicher, was er von meiner neuen Heimat halten würde. Rainer hat noch wesentlich mehr Orte dieser Welt bereist als ich. Ich wusste, dass er Italien liebt, Hawaii, Asien ... und natürlich Berlin, aber L. A. ... nein, ich war nicht sicher.

Ich nenne Los Angeles auch die Versteckte Stadt, denn kaum ein Ort versteht sich besser darauf, seine Schönheit vor Besuchern zu verbergen. Hinter gesichtslosen Boulevards und Freeways, endlosen Häuserzeilen, die aussehen, als wären sie am Tag zuvor aus Holz und Pappkarton zusammengezimmert worden … und dann all die Autos – es kann einem vorkommen, als atmete Los Angeles Blech. O ja, es versteckt sich gut.

Aber Rainer war einer der Besucher, den L. A. nicht täuschen konnte. Er verstand diese Stadt sofort. Und er begann sie mit solcher Leidenschaft zu entdecken, dass er schon bald wesentlich mehr über ihre Geheimnisse wusste als ich. Los Angeles ist 128 Städte in einer, und ich glaube, Rainer kennt sie alle! Er liest diese seltsame, wunderbare, unvergleichliche, ganz und gar verrückte Stadt wie ein Buch … weshalb es mich natürlich sehr glücklich machte zu hören, dass er ein ebensolches über sie schreiben wird. Wir alle wünschen uns schließlich, dass man dem, was wir lieben, Lieder singt, und ich wusste, das würde Rainer tun.

Los Angeles ist sehr freigebig, wenn ihr mit Liebe begegnet wird. Die Stadt hat Rainer all ihre Türen und Canyons geöffnet. Sie hat ihm die Schuhe mit Sand und Rosmarinnadeln gefüllt, ihm Kaffee eingeschenkt im Aroma Café und ihm gelauscht, als er zum ersten Mal in der aufregenden Public Library in Downtown auf Englisch aus meinen Büchern vorlas. Sie hat ihn in einem Helikopter über meinem Garten kreisen und mich mit einem Polizeimegafon erschrecken lassen. Und dann … ja, dann hat L. A. ihm noch ein ganz besonderes Geschenk gemacht. Aber davon soll er selbst erzählen … Er hatte es sich verdient. L. A. erwidert Liebe mit Leidenschaft.

Cornelia Funke   *Los Angeles, Mai 2013*

Layers – Lagen der Stadt

»Kommt nach Los Angeles! Die Sonne scheint, die Strände sind weit und einladend, und die Orangenhaine reichen, so weit das Auge blicken kann. Es gibt Jobs in Hülle und Fülle, und die Grundstücke sind billig. Jeder Arbeiter kann ein eigenes Haus besitzen, und in jedem Haus wohnt eine glückliche amerikanische Familie. Das alles kannst auch du haben. Und wer weiß? Vielleicht wirst du sogar entdeckt, wirst ein Filmstar, oder wenigstens siehst du einen. Das Leben ist gut in Los Angeles. Das Paradies auf Erden ... «

An dieser Stelle lacht Danny DeVito sehr dreckig im Prolog des Films »L. A. Confidential«, der in den 1950er-Jahren spielt, und fährt fort: *»Das ist das, was sie dir weismachen, weil sie ein Image verkaufen ... «*

Die Orangenhaine gibt es schon lang nicht mehr, dafür monotone Siedlungen, so weit das Auge reicht. Arbeit ist schwer zu finden, und die Grundstückspreise haben sich in schwindelerregende Höhen katapultiert. Aber das Image, das Los Angeles von sich verkauft, strahlt allem zum Trotz mit der Sonne um die Wette. Und nach wie vor strömen Menschen aus aller Welt in die Stadt der Engel. Denn tatsächlich ist die Stadt weit mehr als nur ein Image – sie ist so real wie ein Regenbogen. Diesen Vergleich bemühe ich nicht wegen der Sonne und der Vielfarbigkeit, sondern weil ich beides, Regenbogen und Los Angeles, nur von ferne genau wahrnehmen kann. Je näher ich komme, desto mehr entziehen die beiden sich der Wahrnehmung.

Also beginnen wir die Betrachtung aus der Ferne.

Das Großgebiet Los Angeles County wird eingegrenzt von den Landkreisen Ventura-, Orange- und San Bernadino County. Geografisch gesehen ist Los Angeles eine urbane Masse, deren Wuchs nur durch Meer, Wüste und Berge gebremst wird und auf dem Breitengrad von Osaka, Casablanca und Beirut liegt.

Die Stadtmasse breitet sich der Küste entlang aus, wird von Bergen nach Norden und Osten hin begrenzt und von kleineren Hügeln durchschnitten. Man erkennt Strände, drei Flughäfen, den Hafen, Boulevards, Autobahnen und, wenn man näher heranzoomt, ein feines Netz von Straßen. Die auffällig geraden Betonschneisen sind Bahnen, in die der L. A. River und die kleineren Flussläufe Compton Creek und Ballona Creek gezwungen werden, sobald sie Wasser führen. Das ist nicht oft der Fall, aber wenn, dann so heftig, dass sich die kleinen Rinnsale in zerstörerische Fluten verwandeln.

Die politische Karte der Stadt sieht aus wie ein löchriger, zu den Seiten hin ausgefranster Käse. Manche Bezirke bemühen sich vergeblich, in die Gemeinschaft aufgenommen zu werden, andere verweigern die Angliederung, wie zum Beispiel Santa Monica, Beverly Hills und Culver City, die offiziell nicht zu Los Angeles gehören und sogar eine unabhängige Polizei unterhalten. An einem dünnen Streifen, den sie hier *Shoestring*, also Schnürsenkel, nennen, hängen San Pedro und der Hafen, der genau genommen aus dem Hafen von Los Angeles und dem Hafen von Long Beach besteht.

Aber ich möchte mich nicht in Definitionen verlieren und beziehe der Einfachheit halber die Landkreise Los Angeles County und Orange County mit ein, wenn ich über L. A. spreche. Die Grenzen sind ohnehin nicht spürbar; Neuankömmlinge meinen mit Los Angeles immer auch Beverly Hills, Santa Monica und Long Beach. Alle statistischen Angaben aber beziehen sich auf Los Angeles Stadt, die so groß ist, dass München, Stuttgart, Karlsruhe, Köln und Frankfurt darin Platz hätten, und die so viele Einwohner hat wie alle diese Städte zusammen.

Das ist die mehr oder weniger offizielle Karte der Stadt. Aber diese Karte verschweigt uns so einiges. Man müsste eine komplette weitere Lage von Straßen als durchsichtige Folie über die Karte legen, um das Abbild zu vervollständigen. Fast jede Straße hat nämlich noch einen Schatten: die *Alleys*, parallele Gassen, die sich auf der Rückseite der Gebäude befinden. Sie haben keine Namen und sind das inoffizielle Straßennetz für die Stadtreinigung, für das Servicepersonal, die Lieferanten, Dienstboten und für unerlaubte Abkürzungen. Das Lymphsystem der Stadt.

Um noch genauer zu werden, müsste man weitere Folienkarten hinzufügen: für die Menschen ohne Auto eine Karte, die ein Netz zeigt von Bussen, Bahnen, Straßenbahnen und deren Knotenpunkten. Eine Folie für Touristen, auf der die Aufenthaltsorte der Stars verzeichnet sind (man kann tatsächlich sogenannte *Star Maps* erwerben, auf denen sich die Häuser von Berühmtheiten finden; aber oft sind das nur leere Zweit- oder Dritt-Immobilien, und man sieht nicht viel mehr als hohe Hecken).

Die Folie der Obdachlosen wäre eine Karte, auf der alle Essensausgabestellen sichtbar wären und die Toleranzgrenzen der Polizei. Eine Karte, die ab einer bestimmten Uhrzeit ihr Gesicht radikal verändern würde. Parks, Plätze, Geschäftseingänge, Bushaltestellen und Wartehäuschen müssen in Los Angeles zu einer bestimmten Uhrzeit geräumt werden. Manchen potenziellen Schlafplätzen darf man sich nicht einmal nähern, andere gute Stellen sind mit Sicherheit schon belegt.

Eine Folie der Gangs zeigt, welche Regionen lebensgefährlich sind, weil dort die anderen leben, die *Crips* oder *Bloods* oder wie sonst sie sich nennen mögen.

Die Industrie wiederum benutzt völlig eigene Wege. Der sogenannte Alameda-Korridor schließt den Hafen an das Eisenbahnnetz an und verläuft als Hauptschlagader vor allem zum wichtigsten Bahnhof der Stadt, zur *Union Station,* sowie zum drittgrößten Frachtflughafen der Welt, dem *LAX*.

Und so wäre eine vollständige Karte der Stadt eigentlich ein Kubus aus durchscheinenden, übereinandergelegten Lagen, die überraschenderweise kaum Querverbindungen zueinander haben.

Es gibt Schnittmengen, aber kaum Berührungen. Viertel, die langsam ihr Gesicht ändern. In denen zum Beispiel die Chinesen noch nicht alle weggezogen sind, in die gleichzeitig aber mehr und mehr Latinos ziehen. Irgendwie schaffen es die beiden Ethnien, sich nicht zu begegnen, weder in den Restaurants oder Supermärkten noch in den Kindergärten. Es sind, und das gilt für alle diese Layers, parallele Welten. Eigenständige Realitäten.

Die Nacht bedeckt unseren Kubus noch einmal mit einer neuen Folie. Plötzlich kämpft man in einem unbelebten Industriegebiet um Parkplätze, weil in der Nähe ein neuer Club seine Türen geöffnet hat. Am Tag belebte Gegenden sind nun völlig ausgestorben. Bis zum nächsten Morgen. Ein Negativprint. Aus Schwarz wird Weiß, aus Fülle wird Leere.

Der Filter der Nacht macht noch etwas anderes mit der Stadt: Es entsteht plötzlich eine optische Tiefe. Die Flächigkeit wird porös. Das Licht trifft nicht mehr von außen auf die Fassaden, sondern die Fenster im Inneren werden erleuchtet. Manche Gebäude stülpen sich nachts von innen nach außen und scheinen wie aus einem Kern heraus zu leuchten. Man sieht nun die Schönheit der Räume, die sich tagsüber hinter der Außenhaut verbirgt wie hinter einer Maske. Behagliche Zweisamkeiten, einladende Bars oder auch Menschen auf Yoga-Matten oder Crosstrainern.

Und schließlich lassen die Layers sich noch um eine weitere Dimension erweitern: die Zeit. Die Karte der Autofahrer müsste eigentlich aus einer Gummimembran bestehen, die sich, je nachdem, wann man unterwegs ist, verändert, ausdehnt, zusammenzieht. Strecke wird in Zeit gemessen, Routen sind Minuten. Die Navigationssysteme zeigen zur vorgeschlagenen Strecke die aktuelle Verkehrsdichte in verschiedenen Farben an.

Kurz nach Sonnenaufgang verwandelt das Bild sich abermals. Der Schlafplatz wird wieder zur Bushaltestelle, in den Grünflächen poppen kleine Stiftchen aus der Erde, die den Rasen mit frischem Wasser berieseln, auf den Parkplätzen vor den Baumärkten warten hoffnungsvoll die ersten Mietarbeiter, dass jemand anhält und einen Tagesjob anbietet. Die Jogger machen sich auf zu ihren Routen, die Stadt duftet nach Jasminblüten, nach *Coffee to go* und unverwüstlichem Optimismus.

Erst die Bahnhöfe,
dann die Menschen

Los Angeles verkörpert den bürgerlichen Traum vom guten Leben in einer gezähmten Wildnis. Gedacht als Gegenmodel zu den Molochen an der Ostküste oder in Europa. Der Traum vom eigenen Häuschen, in einer Straße, in der alle den gleichen Traum teilen. So kommt es, dass es Gegenden gibt, in denen ein Haus wie das andere aussieht. Kurz gemähte Wiesen, ein Baum vor dem Haus, meist zwei Autostellplätze. Für uns ist das ein Albtraum – wobei man im Kopf behalten sollte, dass die Menschen in den Staaten etwas ganz anderes suchen, um sich wohl und geborgen zu fühlen.

Ich möchte Ihnen an dieser Stelle die wunderbare »Gebrauchsanweisung für Amerika« von Paul Watzlawick empfehlen, in der es heißt:

» Vom Kindergarten an wird dem Amerikaner eingeprägt, dass er Teil einer Gruppe ist und dass die Werte, das Verhalten und das Wohl der Gruppe maßgebend sind.

*Andersdenken ist verwerflich, Anderssein erst recht. (…)
Während es für den Europäer eine Beleidigung ist, ein
Dutzendmensch genannt zu werden, hat der Amerikaner
eine große Angst davor, von der Gruppennorm abzuwei-
chen. Anderssein bedeutet Ausstoßung aus der Gruppe,
bedeutet Ächtung. Daher vermutlich seine Abneigung
dagegen, allein im Restaurant zu sitzen, denn dies
bedeutet, dass ihn niemand liebt.«*

Wenn jemand also aus der Wiese vor seinem Haus lieber einen wilden Garten machen möchte, ist das selbstverständlich erlaubt, aber in der Regel bevorzugt man
eine Nachbarschaft, von der man weiß, dass man mit den
Anwohnern dort ähnliche Neigungen teilt. Wenn jemand
beispielsweise den Traum vom Einzelgängerdasein träumt,
dann zieht es ihn vermutlich eher in eine Gegend mit ver-
worrenen Straßen und versteckten Häusern, dorthin, wo
die anderen Einzelgänger wohnen, zum Beispiel in die
Gebiete um den Coldwater Canyon herum. Man erwirbt
nicht einfach nur eine Immobilie, sondern einen Lebens-
entwurf, der an das Haus gekoppelt ist. Man kauft nicht
nur das Haus, sondern eine spezifische Lebensqualität,
einen Style. Man leistet sich ein Leben, das man leben
möchte, und wenn sich der Wunsch ändert, dann zieht
man eben um und kleidet sich in ein anderes Konzept.
Man springt in eine vorgefertigte Form. Genau so ist Los
Angeles entstanden.

Manche sagen, L. A. sei um das Auto herum gebaut.
Manche gehen noch weiter und behaupten, die Stadt
sei um Parkplätze gebaut. Eines ist offensichtlich: Urba-
nes Leben, wie wir es kennen, mit einem gewachsenen

Kiez, mit Spaziergängen von Café zu Café und Bürgersteigbekanntschaften, ist schwer zu finden. Geht man in bestimmten Gegenden zu Fuß, halten die Autos an, und man wird gefragt, ob alles in Ordnung sei, ob man Hilfe brauche. Selbst in einer Shoppingmeile wie der Melrose Avenue halten, wenn man die Absicht signalisiert, fern einer Fußgängerampel den Autofluss zu durchqueren, auf allen Spuren die Fahrzeuge an, als würde ein verwirrter Hirsch am Fahrbahnrand stehen. Eine Stadt, in der nichts ohne das Auto geht, ist für uns kaum vorstellbar. Die Zeitung oder eben mal ein paar Brötchen holen kann man nicht. Es sei denn, man wohnt in den »*Städtchen in der Stadt*«, in Venice oder Silver Lake, aber dazu später mehr.

Wieso ist diese Stadt so flächig? Es gibt eigentlich keinen Rand. Los Angeles lässt sich schwer eingrenzen, definieren. Und warum redet man überhaupt von einer Stadt und nicht von einer Region mit verschiedenen Kernen, wie das zum Beispiel im Ruhrgebiet der Fall ist? Vielleicht ist es sinnvoll, einen Moment zu schauen, wo diese Stadt eigentlich herkommt.

Die Entstehungsgeschichte von Los Angeles ist untrennbar mit Verkehr und Transport verknüpft, und ebenso ist es die Form der Stadt.

Keiner Kreuzung von Handelsrouten, fruchtbarem Grund oder bestimmten Bodenschätzen, wie etwa dem Gold im Raum um San Francisco, ist die Entstehung der Großstadt Los Angeles zu verdanken, sondern dem Geschäftssinn einiger weniger. Was benötige ich, um dieses trostlose Land gewinnversprechend an den Mann zu bringen? Ganz einfach: Wasser, die Anbindung an den Rest der Welt und einen Mythos. Ich erinnere an das

Eingangszitat aus »L. A. Confidential«: »*Das Land des ewigen Frühlings, das Land, wo die Orangenhaine blühen…*«

Ein Transportsystem war bereits vorhanden, bevor die Siedler Los Angeles überhaupt erreichten. Denn das Hauptanliegen der schwerreichen Großgrundbesitzer war: Wie bekommen wir Landkäufer und Pächter in dieses oder jenes entlegene Gebiet? Und so verlegte man schließlich die ersten Schienenstränge. Denn wo man Wasser hinleitet, wird es irgendwann grün, und wo man einen Bahnhof baut, da steigen irgendwann auch die ersten Menschen aus dem Zug. Erst gab es den Verkehr, dann seine Nutzer.

Und diese Vorgehensweise prägt bis heute das eigentümliche Nichtstadt-Bild von Los Angeles. Noch immer werden an den ausfransenden Rändern der Stadt neue Superdörfer gebaut. In einem Immobilienwerbetext von 2011 heißt es: »*Get from your home to L. A. in 20 minutes or less. L. A. is closer than you think. Introducing a great new home community designed to get you to L. A. in no time. Metrolink Express to downtown in 20 minutes.*« Von der eigenen Haustür nach L. A. in zwanzig Minuten oder weniger. Die neue schöne Wohnsiedlung, die dafür entworfen wurde, dass man in null Komma nichts in der Stadt ist. Diese Werbung unterscheidet sich kaum von den Kampagnen, die um 1910 entworfen wurden. Es wird mit der Eisenbahn geworben, mit Transport, Geschwindigkeit, der Verknüpfung des Landlebens mit den Annehmlichkeiten der Stadt.

Phineas Banning, der »Vater des Hafens von Los Angeles«, der nach massivem Landkauf die Bucht südlich von Wilmington zu einem Tiefsee-Hafen ausbaute, ließ eine

Bahnverbindung vom Hafen in die Nähe von Downtown Los Angeles bauen. Es war die erste Eisenbahn Süd-Kaliforniens. Downtown war in der zweiten Hälfte des 19. Jahrhunderts tatsächlich kurz so etwas wie ein Stadtzentrum, schließlich zog es den nicht abreißenden Strom von Neuankömmlingen aber doch mehr in die Peripherie. Es waren Farmer aus den dünn besiedelten Gebieten des Mittelwestens, die auf der Suche nach fruchtbarem Land waren und sich nur wenig für das Stadtleben interessierten. Großgrundbesitzer wie C. H. Howland oder Henry E. Huntington bauten Bahnlinien weit in das unkultivierte Land hinein, sorgten für Strom- und Wasseranschlüsse und konnten sich so des Kaufinteresses der Farmer sicher sein. Gewiefte Makler arbeiteten eng mit den Landverteilungsunternehmen zusammen, und mithilfe des schnell ausgebauten Schienennetzes wurde jede neue Welle von Neuankömmlingen in vorgefertigte Bahnen geleitet.

Die fünf 1874/75 fertiggestellten Hauptlinien der Bahn von Downtown in Richtung San Fernando, San Bernadino, Anaheim, Wilmington und Santa Monica bildeten das Skelett für das schnelle Wachstum der Stadt. Bis heute hat sich daran nur insofern etwas geändert, dass jede dieser fünf Bahnlinien durch Highways ersetzt worden ist. Wie die Lebensadern in einem Blatt, so hat L. A. die Form angenommen, die von den Großgrundbesitzern und später der *Southern Pacific Railroad* (SP) vorgegeben wurde.

Die Anbindung an das Streckennetz der SP war 1897 für die Stadt ein ebenso lebenswichtiger Einschnitt wie zuvor der Bau des Tiefseehafens und die spätere Fertigstellung des Los Angeles-Aquädukts, durch das Wasser vom Owens River in die Stadt geleitet werden konnte. Die Bahnverbindung nach San Francisco bedeutete einen transkontinentalen Anschluss, ohne den Los Angeles zur Bedeutungslosigkeit verdorrt wäre. Kurz nach Eröffnung des Streckennetzes schluckte die SP alle bislang existierenden Eisenbahngesellschaften und sicherte sich somit eine Monopolstellung. Auch die von Henry E. Huntington gegründete *Pacific Electric Railway* mit ihren berühmten roten Straßenbahnwagen, die auf einem fast tausend Meilen umfassenden Schienennetz durch Los Angeles fuhren, wurde 1910 von der SP aufgekauft. (Sehr sehenswert in diesem Zusammenhang ist »Um Himmels willen« von 1926 mit Harold Lloyd in der Hauptrolle und einer Verfolgungsjagd in einem Doppeldeckerbus durch den atemberaubenden Verkehr von Downtown.) Das Straßenbahn- und Eisenbahnnetz in und um Los Angeles war eines der modernsten und dichtesten Verkehrsnetze der Welt, wovon allerdings heute nichts mehr zu sehen ist. Wie konnte dies geschehen? Welche Umstände führten zu dieser Omnipräsenz des Autos?

Die Pacific Electric Railway konnte weder die Geschwindigkeit und Flexibilität noch den Komfort des Autos bieten. 1915 fuhren um die 55 000 Fahrzeuge durch die Region, 1920 waren es bereits über 600 000 – Zahlen, anhand derer man einen vagen Eindruck von der damaligen Bevölkerungs- und Verkehrsexplosion bekommt. Die Vorteile des neuen Gefährts waren zu offensichtlich. Das Auto fuhr überall gut, solange die Bodenfläche nur halbwegs fest und flach war (der Sunset Boulevard beispielsweise war noch eine Sandpiste, aber das genügte). Man war unabhängig von Fahrplänen, verzichtete auf festgelegte Routen. Infolge der Massenproduktion wurde das Automobil erschwinglich, weshalb nun auch Mittelstandsfamilien Zugang zu Stränden, Bergen oder der Wüste hatten. Als 1927 die Fabriken von Henry Ford nach Los Angeles umsiedelten und andere Autobauer wie Chrysler und General Motors folgten, zog dies eine neue Welle von Arbeitern in die Region. Eine komplett neue Infrastruktur entstand mit Werken von Standard Oil, Firestone, Phillips Petroleum und anderen.

Und trotzdem ist der Erfolg des Autos noch nicht der alleinige Grund für das völlige Verschwinden der innerstädtischen Bahn – in Metropolen wie New York, Paris, London, Berlin war die Koexistenz von Kraftfahrzeug, Bahn und Tram ja auch kein Problem. Die gierigen Öl- und Autokonzerne formierten sich zu einer gut organisierten, mächtigen Auto-Lobby und gründeten zum Schein eine Eisenbahncompany, die *National City Lines*. Diese Strohfirma kaufte im gesamten Umland die öffentlichen Verkehrsmittel auf und demontierte sie Stück für Stück, einschließlich der schönen roten Trams. Es klingt wie eine bizarre Verschwörungstheorie, nur dass es sich keinesfalls um eine Theorie handelt. Die Bahn wurde schlichtweg aufgekauft und zerstört.

Die Gleise wurden asphaltiert, die fünf Hauptschlagadern der Bahn fast deckungsgleich durch Highways ersetzt. Die Stadt wurde fortan um die Bedürfnisse des Autofahrers herum gebaut.

Wohnzimmer Auto

Ich biege vom Santa Monica Freeway kommend ab auf die 110, Richtung Süd-Pasadena. Ich habe kein bestimmtes Ziel, abgesehen von den Art déco-Tunneln, von denen man mir erzählt hat. Ich bemerke, wie außergewöhnlich die Strecke eigentlich ist. Die Sicht auf die Hochhäuser Downtowns raubt mir kurz den Atem (noch spektakulärer wird der Blick auf dem Rückweg sein, wenn ich von Norden komme und die tief stehende Sonne die Hochhäuser in schwerelose Lichtfinger verwandelt), dann passiere ich das vierstöckige Autobahnkreuz der 101 und 110 und lasse rechter Hand Chinatown hinter mir. Gleich danach zieht auf der linken Seite das Dodger Stadium vorbei. Die Fahrspuren haben sich von sechs auf vier verringert. Ich fahre weiter Richtung Norden, und kurz darauf erreiche ich die vier kurzen Tunnel: Portale wie Zufahrten zu einem verwunschenen Schloss, Ornamente, die so gar nicht zu einer Autobahn passen – wobei diese Strecke 1931 auch noch Pasadena Parkway hieß.

Diese grüne Schnellstraße entlang des Arroyo Seco River, das war die erste Autobahn des Westens. Gut, dass sich das kurze Aufblitzen der Tunnel gleich viermal hintereinander bewundern lässt, denn abbremsen kann ich hier im schnellen Verkehrsstrom nicht. Die Kurven sind schärfer als gewohnt, die Tunnel eng und die Auffahrtrampen sehr kurz. Die Autobahn wurde 1940 eröffnet und war konzipiert für Fahrzeuge, die bedeutend langsamer fuhren als die heutigen Wagen. Wenn man hier fährt und von der Kraft eines Motors aus dem 21. Jahrhundert in die Kurven gedrückt wird, spürt man die Geschichte, körperlich.

Und ein bisschen von der vergangenen Zeit erahnt man auch, wenn man auf dem Wilshire Boulevard am ehemaligen Kaufhaus *Old May Co.* vorbeifährt, in dem die *Academy of Motion Picture Arts and Sciences* inzwischen das Kinomuseum beherbergt. Ein Eckgebäude der Streamline-Moderne markiert den Eingang zur sogenannten *Miracle Mile*, mit der der Makler A. W. Ross das Image der »*Autostadt Los Angeles*« prägte. Er sah bereits in den 1920er-Jahren voraus, dass das Auto dabei war, die Geschäftswelt Downtowns zu dezentralisieren. Ross untersuchte das Einkaufsverhalten der neuen, wohlhabenden, motorisierten Bewohner von Beverly Hills und West Hollywood und entwickelte mit dem Wilshire Boulevard, der bis dato nicht mehr gewesen war als eine unasphaltierte Straße durch ein Areal von Molkereibetrieben, einen Gegenpol zum fußgängerlastigen Einkaufszentrum von Downtown.

Ross' Idee war, diese neue Shoppingmeile auf allen Ebenen nicht mehr für den Fußgänger, sondern für den

Autofahrer attraktiv zu machen. Und seine Überlegungen begannen nicht erst beim Design der Straße selbst. Völlig neu waren zum Beispiel Linksabbiegerspuren und aufeinander abgestimmte Ampeln. Die einzelnen Geschäftsinhaber waren verpflichtet, genügend Parkplätze zur Verfügung zu stellen, und zwar auf der rückseitigen Lage der Geschäfte, wo sich nun ebenfalls Ein- und Ausgänge befanden, um den permanenten Verkehrsfluss auf der Hauptstraße zu gewährleisten.

Die zur Straße weisende Seite der Gebäude wurde dahingehend gestaltet, dass alles schnell und einfach erfasst werden konnte, auch bei einer Geschwindigkeit von 50 km/h. Einfache Schriftzüge, plakative Zeichengebung, klare Fassaden, verbunden mit den stilistischen Mitteln des Art déco.

Die Miracle Mile war ein durchschlagender Erfolg und wurde in den gesamten USA kopiert. Sie ist die Urmutter aller Malls und Shoppingcenter in L. A.

In Europa investiert man in sein Zuhause, weil sich dort der Lebensmittelpunkt befindet. In L. A., wo man sowieso ständig umzieht und durchschnittlich 1,5 Stunden des Tages in seinem Fahrzeug verbringt (das sind gut sechs Prozent von 24 Stunden), wird das Fahrzeug zum Heim. Protzige Sportwagen sieht man jedoch seltener, als man zunächst glauben könnte. Man fährt lieber Geländewagen, sogenannte *Sport Utility Vehicles* (SUV), die mit ihren hohen Sesseln bewegten Wohnzimmern gleichen. Die Autos sind ausgestattet mit allem, was man braucht, um das Fahrzeug nicht verlassen zu müssen: Navigator, Telefon, gekühltem Handschuhfach, Becherhaltern und einem Flatscreen, der, wann immer das Auto stoppt, das

Fernsehprogramm einschaltet. Typisch heimische Tätigkeiten werden mit auf den Weg genommen. Schminken, Zeitunglesen, fast jeder telefoniert, hakt entweder die längst fälligen Freundschaftsbekundungen ab oder beginnt schon mit einigen dienstlichen Gesprächen. Und immer ist der Coffee to go und meist auch die gute Laune dabei. Die Zeit im Auto dient somit nicht mehr allein dem Transit von A nach B, sondern verbindet die beiden Punkte zu einer behaglichen Linie.

Es gibt Drive-in-Cafés, Drive-in-Restaurants und Drive-in-Kirchen. Autos sind das verlängerte Wohnzimmer, und besonders deutlich wurde das nach einem Open-Air-Konzert in der Hollywood Bowl. Unsere ursprüngliche Freude über den günstig gelegenen Parkplatz wich nach dem Konzert dem blanken Entsetzen. Wir waren eingeparkt, und zwar von nicht weniger als dreizehn Reihen – links, rechts und hinter uns! Ein abgezäunter Wiesenstreifen mit Bäumen trennte uns von der Straße davor. Aber eigentlich ging die Party hier erst richtig los. Ruck, zuck waren Tische und Stühle aufgeklappt, Kerzen wurden angezündet, Grills aufgebaut, Kühlboxen entleert. Aus den geöffneten Kofferräumen wummerte Musik, und ab und an wehte würziger Rauch vorbei (wir kamen an diesem Abend von einem Reggae-Konzert). Aus dem Nichts hatte sich der zuvor tote öffentliche Raum belebt, wie eine Flaniermeile in Europa. Und niemand hatte es eilig, nach Hause zu kommen.

Unsere europäische Ungeduld und Aggressivität ist im Verkehr von L.A. gänzlich unbekannt. Niemand denkt, er würde früher von der Ampel wegkommen und Zeit gewinnen, wenn er schnell in eine Lücke vorschießt. Allein schon das Hupen unterscheidet sich sehr von unserem: Bei uns ist die Benutzung der Hupe oft eine hochemotionale Angelegenheit oder zumindest verbunden mit einer forschen Ansage: Ich bin im Recht. Wie oft habe ich in Deutschland beobachtet, dass jemandem an der Ampel der Wagen absäuft, und obwohl davon ausgegangen werden kann, dass der Fahrer ohnehin beschämt alles Erdenkliche tut, um schnellstmöglich davonfahren zu können, gibt es immer jemanden, der hupend noch seinen Kommentar abgeben muss. Manchmal entstehen sogar Hupdialoge, wie Köter, die sich gegenseitig anbellen.

Wenn in Los Angeles jemand an der Ampel einnickt, wird kurz, fast schüchtern gehupt – oder einen Hauch vehementer, wenn eine wasserstoffblonde Dame im Rückspiegel ihre Wimpern tuscht und der Verkehr um ihr Fahrzeug herumfließen muss. Aber Vorsicht, wie so oft in Los Angeles täuscht auch hier der friedliche Schein. Eine Sache wird hier überhaupt nicht geschätzt. Biegt man nämlich an einer großen Kreuzung links ab, so hat man nur ein sehr kleines Zeitfenster, um zwischen dem stehenden Querverkehr und den auf der Gegenspur noch wartenden Fahrzeugen hindurchzuflitzen. Wenn man diesen Moment verpasst, werden die Fahrer hinter einem genauso sauer wie bei uns. Als ich mich in typisch deutscher Manier von dem Unmut einmal anstecken ließ und zurückbellen wollte, griff allerdings meine Beifahrerin erschrocken ein und sagte, ich solle um Gottes willen vorsichtig sein. In L. A. gibt es viele Verrückte mit einer Handfeuerwaffe im Handschuhfach.

In den ersten Wochen hatte ich fast jeden zweiten Tag einen Strafzettel an der Windschutzscheibe meines Mietwagens. Weil ich übersehen hatte, dass man nicht länger als zwei Stunden parken durfte, weil der Wagen zu nahe an der Kreuzung stand oder weil ich keinen Anwohnerparkausweis besaß. Als ich wirklich sicher war, alles berücksichtigt zu haben, musste ich fünfzig Dollar Strafe dafür zahlen, dass die Vorderräder nicht eingeschlagen waren. Die Begründung ist folgende: Parkt der Wagen am Hang, müssen die Vorderräder so eingeschlagen sein, dass der Wagen, falls sich bei einem Erdbeben die Handbremse oder die Gangblockade lösen sollte, hügelwärts rollt und nicht wie ein Geschoss die Straße hinab. Es gibt immer wieder neue Besonderheiten, die man dazulernen muss. Für einen Vier-Tages-Trip nach Palm Springs entschieden wir uns, mit einem etwas großzügigeren Fahrzeug zu reisen. Ich suchte also für meinen kleinen Mietwagen einen todsicheren Parkplatz für die nächsten Tage. Der Strafzettel, den ich bei der Rückkehr vorfand, gab als Begründung für das Strafgeld an, ich hätte den Wagen innerhalb von 72 Stunden einmal bewegt haben müssen. An dem Kreidestrich vor dem Hinterrad auf dem Asphalt war zu erkennen, wie man mein Versäumnis überprüft hatte.

Die meisten Knöllchen werden verteilt, weil die Fahrer vergessen, dass irgendwann die Straßenreinigung kommt. Die Strafe kostet 68 Dollar – und zwischen 2010 und 2011 wurden ganze 700 000 dieser Tickets verteilt. Der zweithäufigste Grund für ein Knöllchen sind abgelaufene Parkuhren: In besagtem Zeitraum wurden davon 555 000 verteilt. Insgesamt hatte die Stadt Los Angeles im Jahr 2011 Bußgeldeinnahmen von 166 700 840 Dollar. Ich glaube, ich habe einen guten Beitrag zu dieser Summe geleistet.

In den meisten Einkaufszentren ist das Parken die ersten ein bis zwei Stunden kostenlos, zumindest wenn man tatsächlich Kunde ist. Geht man auf dem *Farmers Market* oder in den großen Malls spazieren, ist es ratsam, sich dort wenigstens eine Packung Kaugummis zu kaufen. Man kann sich dann das Ticket entwerten lassen und parkt umsonst oder für den Bruchteil des normalen Preises. Gleiches gilt für Kinos und Theater, wo die Parkscheinentwerter zumeist gleich neben den Kassen stehen.

Möchte man abends seine/n Liebste/n romantisch ausführen, empfiehlt es sich, auf die endlose Parkplatzsuche zu verzichten und sich das *Valet Parking* zu gönnen. Man fährt direkt vor der Lokalität vor, steigt aus und gibt mit dem Autoschlüssel und fünf bis zehn Dollar alle Sorgen ab. Trinkgeld nicht vergessen – die meist mexikanischen Angestellten leben davon.

Auch zu unseren Verkehrsregeln gibt es einige Unterschiede. Gewöhnungsbedürftig sind Kreuzungen, die weder Ampeln noch Vorfahrtsregeln kennen. Es kreuzt als Erster, wer eben als Erster am Stoppstreifen der Kreuzung ankommt. Ist die Situation nicht eindeutig genug, überlässt man lieber dem anderen die Vorfahrt, als selbst darauf zu bestehen. Das Beharren geht in die komplett entgegengesetzte Richtung als bei uns. Nach Ihnen, nein, bitte, nach Ihnen, nein, ich habe Ihnen zuerst die Vorfahrt gegeben …

Die Fahrspuren auf den Autobahnen sind bar jeder Hierarchie, völlig gleichberechtigt. Man kann sowohl rechts als auch links überholen. Die Schnellsten fahren nicht links, sondern da, wo gerade Platz ist, und schneller fahren als neunzig km/h darf man sowieso nicht (außerhalb des Stadtgebietes sind es 105 km/h). Das hat zur Folge, dass das deutsche Alphamännchenfahrprogramm hier völlig ausgehebelt wird: Sinnlos das nahe Auffahren als Drohgebärde, sinnlos die Lichthupe. Wenn vor mir jemand zu langsam fährt, umfahre ich ihn einfach links oder rechts. Ohne jede Aufregung. Das Gefühl, durch einen teuren, schnellen Wagen besondere Rechte oder einen hohen Status innezuhaben, ist bei den herrschenden Geschwindigkeitsbeschränkungen sowieso hinfällig.

Auf dem Freeway ist die linke Spur oft mit einer Raute gekennzeichnet. Sie ist reserviert für den *carpool*, das heißt, diese Spur darf nur benutzt werden, wenn im Wagen mindestens zwei Personen sitzen. Wird man allein erwischt, kostet das 340 Dollar Strafe, mindestens. Diese Spur ist in der Regel recht leer, weil die meisten jeder Vernunft zum Trotz allein unterwegs sind.

Los Angeles hat heute die höchste Kraftfahrzeugdichte der Welt. Über zehn Millionen Fahrzeuge sind in der Stadt registriert, und es ist so viel Fläche mit Asphalt oder Beton bedeckt, dass dies einen maßgeblichen Faktor für die Erhöhung der Lufttemperatur darstellt. Das Regenwasser findet nur wenig durchlässige Fläche, um zu versickern; die Überflutungsgefahr bei Regen wird noch größer, als sie ohnehin schon ist.

Die tatsächliche Durchschnittsgeschwindigkeit zur Hauptverkehrszeit am Vormittag liegt auf dem Highway bei 56 km/h und bei 40 km/h auf den normalen Straßen. Für 2030 ist eine Durchschnittsgeschwindigkeit auf beiden Straßen von etwa 32 km/h vorausgesagt. Kein Wunder, dass man in Los Angeles über den Verkehr schimpft wie bei uns übers Wetter.

Rushhours kennt man in anderen Städten auch, aber nicht zweimal pro Tag drei bis vier Stunden lang. Und ein wesentlicher Unterschied zu anderen Städten ist zudem der, dass es hier keine eindeutige Strömungsrichtung gibt. Der Verkehr in herkömmlichen Städten bewegt sich am Morgen aus dem Umland nach innen zum Zentrum und am Abend in umgekehrter Richtung wieder zurück, was nun eine Regelmäßigkeit wäre, mit der man umgehen könnte. Aber nein, Los Angeles ist flächendeckend dicht. Ebenso grauenvoll wie auf den Highways geht es in den Nadelöhren zum Valley zu. Die Fahrzeuge quälen sich wie zähe Lava durch Laurel, Topanga und Coldwater Canyon, ohne dass es eine Umfahrungsmöglichkeit gäbe. Die Frage, ob man ein Auto besitzt oder nicht, ist zu tief mit einem Klassendenken verbunden, als dass man sich auch alternativ fortbewegen würde. Noch fahren die meisten allein in ihrem Fahrzeug, noch immer nutzt nur einer von zehn Einwohnern die öffentlichen Verkehrsmittel. Aber immerhin ist eine Entwicklung zu erkennen: Es werden immer mehr.

Up and coming: Downtown

Wenn man sich morgens um sieben Uhr auf die Union Station stellt, bekommt man einen Eindruck, wie viele Menschen aufgrund der hohen Mieten und Spritpreise, der Staus und der schlechten Luftqualität an die Ränder der Stadt gezogen und zu Pendlern geworden sind. Alle zwei Minuten pumpen die riesigen Pendlerzüge von San Diego, San Bernadino und dem Valley kommend schier endlose Menschenmassen in die morgendliche Stadt. Etwa 140 000 Passanten sind es täglich.

Dieses Spiel von Systole und Diastole wollte ich erleben, wollte sehen, wie sich dieser riesige Knotenpunkt morgens um sieben in einen Bienenkorb verwandelt. Dazu musste ich früh raus: Ich wollte mit dem Auto zur Wilshire/Western Station, um dann von dort in die U-Bahn umzusteigen und mit der *Purple Line* nach Downtown zur Union Station zu fahren. Ich hoffte, einen Parkplatz nahe dem Eingang der U-Bahn-Station zu bekommen – ich fand aber keinen. Weder gab es einen

Park & Ride-Service noch reguläre Stellplätze am Straßenrand. Keine Chance. Als einzige Möglichkeit blieb mir, das Auto auf einem teuren Supermarktparkplatz stehen zu lassen, um dann in die U-Bahn umzusteigen. Aufs Auto zu verzichten wird einem in L. A. nicht leicht genug gemacht, dachte ich. Wobei die Zugfahrt dann allerdings sehr entspannend war. Keine Staus, schicke Züge, die im Zehnminutentakt durch großzügig helle und saubere Bahnhöfe fuhren.

Als ich an der Union Station aussteige, bin ich doch etwas enttäuscht. Viele Menschen, in der Tat, aber was habe ich auch anderes erwartet. Den Wahnsinn von Shinjuku Station in Tokio? Dafür ist man hier viel zu entspannt.

Die rote, die lila, die silberne und die goldene U-Bahn-Linie treffen auf unzählige Busse, auf Straßenbahnen und Fernzüge mit so klingenden Namen wie *Pacific Surfliner*, *Coast Starlight* oder *Texas Eagle*. 1939 ist der Bahnhof erbaut worden, das Gebäude wirkt aber viel älter und ist im spanischen Kolonialstil mit Elementen des Mission Revival und Art déco gehalten. Die Wartehalle mit ihren Ledersesseln, den Marmor- und Terrakottaböden ist wunderschön und trotz ihrer Größe gemütlich. Der feine ältere Herr im Sessel, das wartende Pärchen mit dem Kind, das auf seinem Koffer sitzt, die drei Mädchen in Eile, alle wirken in diesem Interieur wie geschickt inszenierte Statisten. Die alte Ticketschalterhalle ist einsehbar, aber abgesperrt. Sie wird ausschließlich für Hochzeiten, Foto-Shootings und Filmaufnahmen genutzt und taucht zum Beispiel in »Speed«, »The Driver«, »Collateral«, »Blade Runner« oder dem neuen »Batman« auf. Kein Wunder, dass ich das Gefühl hatte, die Halle zuvor schon einmal gesehen zu haben.

Schräg gegenüber vom Bahnhof befindet sich *El Pueblo de la Los Angeles*, wo sich neben der La Placita-Kirche gleich 26 der ältesten Häuser der Stadt um einen schönen Platz gruppieren. Auf dem Kirchengelände ist schon viel los. Schön, denke ich, schau ich mir mal eine mexikanische Morgenmesse an. Ich habe mich jedoch geirrt: Die Kapelle ist leer, und die vielen Menschen draußen stehen lediglich an einem Counter an. Dahinter herrscht hektische Betriebsamkeit zwischen Kartons mit Nudeln, Mehl, Dosen, Seife. Ich frage einen der Arbeiter, was hier los sei, und bekomme ein Grummeln zur Antwort. In der Schlange stehen nur alte Menschen, fast ausschließlich Asiaten. Ich frage zwei, drei Leute, keiner scheint mich zu verstehen. Schließlich raunt mir eine alte Frau lächelnd ein paar Wörter zu: Spenden, Rentner, Lebensmittel, Care-Pakete ... Ich fange mir noch ein paar skeptische Blicke ein, und dann spüre ich, es ist nicht der richtige Augenblick, um mit jemandem ins Gespräch zu kommen.

Bei Regen und Nacht könnte die Szene auch aus »Blade Runner« mit Harrison Ford stammen, aber es ist ein strahlend schöner Morgen, und ich schlendere zwischen den Buden der sich an den Platz anschließenden Olvera Street davon. Die Stände sind noch nicht geöffnet, aber die mexikanischen Verkäufer haben sich schon versammelt und trinken ihren Morgenkaffee miteinander. Im Hintergrund lärmt ein Polizeihubschrauber auf dem Dach des *LAPD*-Hauptquartiers, dann steigt er auf zur ersten Runde des Tages.

Weil ich für den Rückweg spaßeshalber den Bus nehmen will, rufe ich bei der Info der Metro an, um nach der richtigen Linie zu fragen. Nach langem Schweigen fängt die Dame furchtbar zu schimpfen an. Sie habe keine Zeit, sich veräppeln zu lassen! *You must be kidding!* Als sie in mir den dummen Touristen erkennt, fragt sie, warum ich denn um Gottes willen den Bus nehmen wolle, wenn es doch eine U-Bahn gebe. Mit dem Bus müsse ich zwei- oder sogar dreimal umsteigen und bräuchte für die Strecke zehnmal so lang, und die U-Bahn sei doch pünktlich, sehr sauber und ohne Verrückte. *Have a nice day.*

Den nächsten Downtown-Besuch unternehme ich doch wieder mit dem Auto, und wieder wird das Parken zum Problem. Es gibt zwar überall Flatrates für den Tag, aber die vielen *Districts*, die ich mir angucken möchte, liegen zu weit auseinander, um die Distanz zu Fuß zu bewältigen.

Ich stehe im Stau. Nichts bewegt sich. Ich fühle mich wie Michael Douglas in »Falling Down«. Immer wieder fällt mein Blick auf einen Fahrradladen, und schließlich treffe ich eine Entscheidung. Ich wollte ohnehin wissen, wie es sich anfühlt, diese Stadt mit dem Rad zu erfahren.

Zugegeben, es hat sehr auffällige Farben – rot mit grünen Felgen – , aber nun werde ich so oft angesprochen, als hätte ich einen süßen kleinen Hund dabei oder ein tolles Motorrad. *Nice bike, man! Cool! Mum, look, a fixie!* So nennt man diese aus New York kommenden Fahrradkurierräder. Hinterrad und Kette sind so miteinander fixiert, dass es keinen Freilauf und nur einen fest eingestellten Gang gibt.

Als Fahrradfahrer ist man anders. Exot, Pirat, ein bisschen verrückt. Fahrräder sind aus dem Stadtbild nicht mehr wegzudenken, genießen aber noch den Sympathiebonus des Neuen. Vielleicht liegt es daran, dass die Radfahrer eher als Menschen wahrgenommen werden und nicht nur als Fahrzeuge. Die Fußgänger meckern nicht, wenn es einem auf der Straße doch zu gefährlich wird und man auf dem Bürgersteig fährt.

Es ist wirklich überlebenswichtig, sich jeden Moment bewusst zu sein, dass Fahrradfahrer hier noch nicht auf der Festplatte der Autofahrer abgespeichert sind. Jederzeit kann die Tür eines parkenden Wagens aufgehen, jederzeit kann ein fahrendes Auto einen Schlenker machen, um einem der massenhaften Schlaglöcher auszuweichen. Eine für Radfahrer lebensgefährliche Abweichung zu unseren Verkehrsregeln ist, dass Autofahrer grundsätzlich (es sei denn, es ist ausdrücklich untersagt) trotz einer roten Ampel rechts abbiegen dürfen. Grün bedeutet für Radfahrer nicht gleich »freie Fahrt«. Nie vergessen! Das Allerwichtigste ist, damit man wahrgenommen wird: Man sollte auffällige Kleidung tragen und am Rad vorn und hinten ein blinkendes Licht anbringen, auch tagsüber. Nicht schüchtern am Bordsteinrand fahren. Wirklich eine ganze Spur auf der Straße in Anspruch nehmen, damit man auch gesehen wird. Und immer außerhalb der Türzone bleiben, selbst wenn sich für einen Moment hinter einem die Autos stauen. Meistens ist man aber sowieso schneller als die anderen.

Ich radele den Broadway, die Hill Street, Spring Street und Main Street entlang, und plötzlich habe ich ein Auge für die wunderschönen Details an den Fassaden der früheren Lichtspielpaläste und die vergangene Pracht der alten Hotels. Schönste Art déco-Architektur. Was muss hier losgewesen sein damals! Am Broadway, Ecke 3rd Street steht das Bradbury Building, in dem zahlreiche

Filme gedreht worden sind, und direkt gegenüber das *Million Dollar Theatre*, einer der ersten Kinopaläste, die in den USA gebaut wurden. Es wird heute nur noch sporadisch für Spanisch sprechendes Publikum bespielt. Daneben befindet sich die Million Dollar Pharmacy, ein unheimlicher Laden, der bis unters Dach gefüllt ist mit einer Mischung aus christlichen Devotionalien und Geisterbeschwörungszubehör. Und immer wieder entdecke ich gerade neu eröffnete Restaurants und schicke Bars, die besondere Abende versprechen. Das ist für mich die aufregendste Mischung überhaupt: Die Kraft der Aufbruchstimmung verbindet sich mit dem Glanz vergangener Jahre.

Mit Downtown ist es auf und ab gegangen, immer wieder. Dabei ist der Stadtteil noch nicht wirklich alt. Erst ungefähr ab den Jahren 1870/80 begannen sich die kulturellen und finanziellen Aktivitäten hier so sehr zu verdichten, dass man von einen Stadtzentrum sprechen konnte. Das ist aus europäischer Sicht noch gar nicht so lange her. Die Geschwindigkeit allerdings, mit der sich das Stadtzentrum dann entwickelte, stellte alles andere in den Schatten. In kürzester Zeit reihte sich ein Theater an das andere, kämpften die großen Banken mit den Kaufhäusern um die besten Grundstücke.

Über 10 000 Menschen lebten bald in Downtown, und noch mehr pendelten mit den *Red Cars*, den berühmten Straßenbahnwagen, zwischen Arbeitsplatz und ihrem Wohnort außerhalb.

Der rasante Aufschwung hielt nicht lange an. In den Jahren ab 1920 wurden die Automobil- und die Ölindustrie immer einflussreicher. Das Auto ermöglichte den Menschen eine nie erlebte Mobilität und Unabhängigkeit, weshalb nun eine massive Abwanderung ins Umland einsetzte. Die Menschen zogen von Downtown in die Vororte; viele kleinere Ballungsgebiete entstanden, die Flächigkeit von Los Angeles entwickelte sich. Das entsetzliche Verkehrschaos im Zentrum und die neuen Einkaufs- und Businesszentren weiter außerhalb trugen zum Niedergang Downtowns bei. Man ging dort nicht einmal mehr einkaufen.

Als Mitte der 1960er-Jahre die Bauhöhenbegrenzung aufgehoben wurde und der ehemals wohlhabende, nach dem Zweiten Weltkrieg aber verwahrloste Teilbezirk Bunker Hill dem kompletten Kahlschlag zum Opfer fiel, war der Weg frei für einen groß angelegten Bauboom. Das Wells Fargo-Gebäude, die Bank of America, das Interstate World Center und viele andere Wolkenkratzer mit bis zu 73 Stockwerken prägen seitdem die Silhouette − nur dass Downtown davon noch immer nicht wirklich lebendiger wurde. Neben den vielen neuen Bürogebäuden gab es zwar noch den Blumenmarkt, den Fashion District, das Kongress- und Messezentrum und das Regierungsviertel, aber kaum ein Mensch hatte noch eine Wohnung im Viertel. Tagsüber quirliges Leben, aber dann nichts wie weg. Mit Einbruch der Dunkelheit kippten weite Teile der Gegend in einen desolaten Zustand. Dunkle Straßen, bevölkert von finsteren, hoffnungslosen Gestalten.

Das *Department of Cultural Affairs* hat gemeinsam mit dem *Broadway Arts Center* und der Organisation *Bringing back Broadway* einen großen Anteil an der Renaissance von Downtown. Seit 1999 das *Residence District Ordinance Gesetz* gelockert wurde, sind die Umwandlungen in Wohnraum legal, sodass Fabrikgebäude, Hotels und Bürohäuser aus den 1920er-Jahren zur Vermietung freigegeben werden können. Immer mehr junge Menschen und vor allem Künstler werden mit Wohnungssubventionen in diese Gegend gelockt. Künstler, mit in der Regel sehr geringem Einkommen, die eben auch günstige Räume brauchen. Ob es sich um Ateliers für Maler oder Fotografen handelt oder um Probenräume für Schauspieler und Tänzer – dieser neu gewonnene Raum in den Pufferzonen zwischen Industriegebiet und Wohngegend steht nun zur Verfügung und wird auch genutzt.

Ich habe meine Exkursion so gelegt, dass ich den *Downtown Artwalk* miterlebe, der jeden zweiten Donnerstag des Monats stattfindet. Das Auto steht in der Nähe der Disney Hall, ich hole das Fahrrad aus dem Kofferraum und fahre Richtung Main Street, Ecke 2nd Street.

Im historischen Kern von Downtown stehen circa fünfzehn Prozent der Parterre-Räume leer. Der Downtown Artwalk hat sich das zunutze gemacht: Lofts, ganze Etagen, leer stehende Passagen werden von Künstlern und Galeristen für Ausstellungen, Live Paintings, Performances genutzt. Aber auch etablierte Galerien veranstalten Vernissagen, und überall ist freier Eintritt. Das Ereignis lockt regelmäßig fast 15 000 Menschen in die Häuserschluchten zwischen Broadway, Spring Street und Main Street. Viel Kunsthandwerk, Schrott und Kitsch, aber auch sehr aufregende Kunst kann man hier entdecken. Und man erhält Einblicke in Lobbys und Lofts, die sonst nicht der Öffentlichkeit zugänglich sind. Leider ist auch unangenehm viel Polizei im Einsatz. Offensichtlich hat man Sorge, dass die Partystimmung kippen und sich eine unkontrollierbare Eigendynamik entwickeln könnte.

Downtown ist eines der wenigen Viertel in Los Angeles, in dem eine Entwicklung stattfindet, wie man sie aus anderen großen Städten kennt. Städtische, weniger attraktive Gegenden bieten mit günstigeren Mieten den einkommensschwächeren Menschen und Künstlern neue Wohn- und Arbeitsmöglichkeiten. Es entstehen neue interessante Cafés und ausgefallene Restaurants. Die Gegenden werden beliebter, irgendwann kommen die ersten Galeristen, die Mieten werden teurer, und schließlich kippen die Viertel um. Sehr deutlich war das in Berlin Mitte zu beobachten, und in Berlin Neukölln ist die Umwandlung in vollem Gange. Es sind immer ähnliche Zyklen zu beobachten. In Downtown wurde diese Entwicklung von Stadtplanern vorangetrieben und durch Gesetzesänderungen möglich gemacht. Inzwischen sind die Mieten so sehr gestiegen, dass sich nur noch betuchte Leute eine Wohnung leisten können.

Extrem beliebt sind Eigentumswohnungen und Apartments in größeren Wohnanlagen, sogenannten *Condos*, die man als Gegenmodell zum Einfamilienhaus-Traum betrachten kann. Diese Condos zeichnen sich dadurch aus, dass sie die unterschiedlichsten Stile auf eine harmlose Weise verbinden. Architekten nennen das »überzeitliche Architektur«. Eine Mischung aus britischen Wohnhäusern, italienischen Stadtvillen und ein bisschen 1930er-Jahren, nicht wirklich hässlich, aber oft ein wenig aseptisch. Diese Wohnkomplexe suggerieren Sicherheit und sind kraftvoll gesichtslos.

Vielleicht ist das Bedürfnis nach Begegnung, nach sozialem Kontakt und Sicherheit der Grund für den Wunsch nach einem gemeinsamen Wohnentwurf in den

Condos. Die Häuser sind oft um einen großzügigen Pool oder einen Tennisplatz herum gebaut, gewaschen wird im gemeinsamen Wäschekeller, und meist gibt es einen Fitnessraum. Das ist hip, neu, angesagt und teuer. Dass es am Eingang einen Sicherheitsbeamten gibt, macht diese Condos besonders in Downtown und den angrenzenden Industriegebieten noch beliebter.

Die junge Galerieszene und die Künstler hingegen weichen aus und ziehen in die Industriegegend des Alameda-Korridors. Ein klassischer Fall von Gentrifizierung, aber immerhin fließt endlich wieder Blut durch das aufregende Downtown. Die U-Bahnen fahren bis Mitternacht im Zehn-Minuten-Takt, am Wochenende neuerdings sogar bis zwei Uhr morgens. Fast wöchentlich gibt es irgendwo eine neue Bar oder ein neues Restaurant. Immer mehr von den traumhaft schönen Art déco-Lichtspielhäusern auf dem Broadway nehmen ihren Betrieb wieder auf, und geplant ist der Bau einer neuen Straßenbahnlinie, die das Convention Center, Bunker Hill, Grand Avenue und den historischen Teil vom Broadway miteinander verbinden soll.

Wenn 2016 das neue Los Angeles Stadium für die *National Football League* eröffnet, wird es in Downtown sogar eng: 75 000 Zuschauer wird es fassen, und von denen werden voraussichtlich mindestens 20 000 mit dem Auto kommen.

Alles könnte also in verheißungsvoller Neuanordnung sein, wäre da nicht Central City East, die sogenannte *Skid Row.* In diesem Gebiet von Downtown befindet sich die größte Ansammlung dauerhaft obdachlos lebender Menschen in den gesamten USA.

Die Skid Row erstreckt sich über fünfzig Blocks und beherbergt um die 11 000 Bewohner. Die glücklicheren wohnen in subventionierten Notunterkünften, die anderen leben auf dem Bürgersteig. Die Zahlen gehen auseinander, je nachdem wer zählt und was mit der Zählung bezweckt werden soll. Zwischen 5000 und 18 000 Menschen sollen es jedoch sein, die auf der Straße leben.

Statt diesen heruntergekommenen Bezirk ebenso dem Erdboden gleichzumachen wie Bunker Hill, beschloss man 1976 mit einem Sanierungsplan hier die Häuser zu erhalten und die Obdachlosenproblematik einzudämmen. Es entstand eine Konzentration sowohl von Obdachlosen als auch von Non-Profit-Hilfsorganisationen, von Armenküchen und Hygieneanstalten. Die Dichte der karitativen, teilweise konkurrierenden Einrichtungen ermöglicht eine zumindest teilweise Versorgung der Obdachlosen, was aber dazu führt, dass die Polizei, um bestimmte Gegenden der Stadt »sauber« zu halten, die Treber anderswo aufgreift und in der Skid Row schlichtweg ablädt.

Das Oberverwaltungsgericht legte 2006 fest, dass die Anzahl der zur Verfügung stehenden Notbetten völlig unzureichend sei, und setzte für das Areal der Skid Row das Anti-Camping-Gesetz außer Kraft. Seitdem ist es in genau festgelegten Grenzen legal, von 21.00 Uhr bis 6.30 Uhr auf den Bürgersteigen zu schlafen. Fährt man tagsüber durch die Straßen der Skid Row, kann man sich kaum vorstellen, wie sehr das Bild kippt, sobald sich die Dämmerung nähert. Die Straßen füllen sich dann wie aus dem Nichts mit Menschen und Einkaufswagen, die zunächst ihre Pappunterlagen und Schlafsäcke nicht ausbreiten, ihre Habseligkeiten noch nicht ablegen dürfen.

Mit dem Auto kommt man sehr bald schon nicht mehr durch, so voll ist es. Aber ganz ehrlich: Ich persönlich würde mich allein und zu Fuß oder mit meinem Fahrrad auch nicht mehr hineinwagen in diese Gassen. Immer wieder drängen sich Bilder aus düsteren Endzeitfilmen auf – eine bewährte Technik unseres Unterbewusstseins, um Distanz zwischen uns und das Leid der anderen zu bringen.

Dieses Leid kollidiert natürlich mit der neuen Welle von Yuppies, mit den hippen Restaurants und Loftbesitzern, die in die Gegend drängen. Wohnungs- und Grundstücksmakler fordern ein härteres Vorgehen der Polizei, um die Armut, die ihre Geschäfte schmälert, zu zerstreuen oder zu verlagern.

Ich bin gespannt, wie die Stadt diesen Konflikt lösen wird. Schließlich hat sie es sehr erfolgreich geschafft, Downtown wieder lebendiger und bewohnter zu machen, nur dass eben selbst die tollste Wohnung keinen Spaß macht, wenn man beim Nachhausekommen über diverse Leiber steigen muss. Viel Hoffnung habe ich nicht, dass es eine einvernehmliche Lösung geben wird. Wer die Leidtragenden sein werden, ist klar, zumal die Sympathie der Bevölkerung gegenüber den Obdachlosen stark bröckelt. Zu viele können dem Leid der Straße nichts mehr entgegensetzen, lassen sich auf Crack oder noch finsterere Drogen ein und rutschen in die Kriminalität oder den Irrsinn. Downtown wird immer schicker und schöner, die Polizei macht es den Trebern alles andere als leicht, und so zieht es immer mehr Obdachlose an die betonierten Ränder des L. A. River, fern der leisesten Chance auf Schutz.

Jemand jongliert schräg vor mir mit einem großen Neonpfeil und will mich so auf einen bewachten Parkplatz lotsen. Die vielen kleinen Läden, die tagsüber den Fashion District in ein buntes und fröhliches Durcheinander verwandeln, sind hinter Eisenjalousien verschanzt und wirken nun trostlos. Was für ein schönes, trauriges, passendes Wort, denke ich: Bei Nacht fehlt es der Gegend an Trost.

Ich müsste mich jetzt abreagieren, austoben, und würde gern mit dem Fahrrad nach Hause fahren, aber ich wohne zu weit von Downtown entfernt, und so klappert, während ich Richtung Westen fahre, mein rotes Fixie nur leise im Kofferraum vor sich hin.

Der Herrscher der Akten

Ich wusste nicht, dass Los Angeles und Berlin Schwester-
städte sind. Ich schreibe, als ich davon höre, gleich dem
dafür zuständigen Stadtrat Tom LaBonge und frage, ob
er Zeit für ein Treffen hätte. Außerdem habe ich gehört,
dass er einen sehr guten Draht zur Polizei hat und der
richtige Mann wäre, um mir eine Tour im Streifenwagen zu vermitteln.

Tatsächlich bekomme ich einen Termin und fahre
wenige Tage später zum Rathaus in Downtown, der
berühmten City Hall von L. A. Die Assistentin des Stadt-
rats hat mir bereits einen Parkplatz im tiefsten Inneren
reserviert, und überall winkt man mich freundlich durch,
weil mein Name auf irgendwelchen Listen vermerkt ist.
Dann sitze ich auch schon im Vorzimmer, und Isaac, der
eher wirkt wie ein schwarzer Jazzmusiker als wie ein
Angestellter der Stadt, fragt, ob ich okay sei. Bin ich.
Später wird sich Isaac als Toms Fahrer herausstellen. Tom
bräuchte noch zehn Minuten.

Ich beschäftige mich mit den vielen Broschüren und erfahre, dass Tom LaBonge zuständig ist für die Stadtteile North Hollywood, Griffith Park, Miracle Mile, Koreatown, Silver Lake und Studio City. Er war gerade in München, um sich die gelungene Renaturierung der Isar anzusehen, denn er unterstützt das *Friends of L.A. River*-Projekt. Dann werde ich hereingerufen und betrete ein Großraumbüro, das einem Film aus den 1980er-Jahren entliehen scheint. Ein langer zentraler Flur, links und rechts Separees mit Menschen, die sich über ihre Arbeit beugen. Die meisten wenden mir den Kopf zu, als erwarteten sie den Büroboten, der ihnen einen Stapel Kopien auf den Tisch legt, und nicken mir freundlich zu.

Ich höre schon von Weitem Toms mächtige Stimme, die dem einen oder anderen Mitarbeiter etwas zuruft. Am Ende des Flurs steht eine Art Empfangstresen, hinter dem sich eine Dame als seine persönliche Assistentin vorstellt. Ich könne gleich direkt durchgehen. Der Stadtrat müsse noch etwas erledigen, aber ich dürfe mich gern schon dazusetzen. Der Raum ist mit dunklem Holz belegt und vollgestopft mit Büchern, Wandtellern, Stadtwappen, Wimpeln. Tom sitzt hinter einem massiven Schreibtisch und telefoniert, laut. Er gibt mir die Hand, ohne das Gespräch zu unterbrechen, und deutet auf eine Sofaecke. Ein zweites Telefon klingelt. »*These books are for you*«, wendet er sich an mich, bevor er weiter telefoniert. Auf dem Tisch neben dem Sofa liegt ein Stapel Bücher. Frühe Karten der Stadt, Statistiken, das historische Downtown, alte Fotobücher. In der Woche zuvor am Telefon habe ich gesagt, dass ich über die Entstehung der Stadt recherchieren wolle, und er hat diese Auswahl nun für mich vorbereiten lassen.

Endlich beendet er das Telefonat und kommt hinter seinem Schreibtisch hervor. Der Mann ist so groß wie der Bär. »*Berlin was so good to me. I owe you something. Sorry, not much time for talking.*«

Am Telefon gerade eben hat er mit dem Stadtarchivar gesprochen, weil er dachte, es würde mich vielleicht interessieren, in den alten Schriften herumzustöbern. Er hat mich als Freund aus Berlin angekündigt, Isaac werde mich jetzt gleich ins Archiv fahren. Anschließend soll ich wieder hierhin zurückkommen, bis dahin habe er einen Termin oben bei den Stadtplanern für mich arrangiert. Und die Polizei, gut, da müsse man den richtigen Moment erwischen. »*See you!*«

Und schon holt Isaac mich ab, führt mich in die Tiefgarage und setzt mich kurz darauf am Stadtarchiv ab.

Michael weiß schon Bescheid. Er sieht aus wie eine Mischung aus Buchhalter und Apotheker und scheint einer Kurzgeschichte von Kafka entflohen. Das mag an seinem merkwürdigen Kittel liegen und auch an seinem leisen und konspirativen Ton. Wann immer bei einem Gerichtsprozess ein Gesuch gestellt werde oder ein Stadtrat in der Versammlung etwas beantrage, jedes Schriftstück habe eine Nummer. »Wann immer irgendwer etwas sucht, wir finden das hier«, sagt er.

Gerade hat Michael ein Rolltor hochgefahren, und wir betreten eine Halle mit Schneisen aus haushohen Regalen. Wie viele Leute denn hier arbeiten? Nur er, wieso? Wir gehen eine dieser vielen Aktenschluchten entlang. An jeder Akte hängt eine Geschichte, und jede ist durch Michaels Hände gegangen, bevor er sie nummeriert und eingeordnet hat. Ich spüre seine Begeisterung und fühle mich ein wenig schlecht, weil ich eher mitspiele als die Euphorie zu teilen.

Das ist ein einsamer Mensch, denke ich und sehe ihn vor mir, wie er freiwillig Überstunden macht, bis morgens um drei in der Neonbeleuchtung zwischen seinen Schäfchen. Als hätte er endlich jemanden gefunden, der die Schönheit dieser Welt nachvollziehen kann, seine Liebe zu den Akten, redet Michael nun immer mehr und aufgeregter auf mich ein. Er ist der Herrscher der Files. Wir treten durch eine schwere Eisentür und gelangen in einen anderen Trakt. Hier stehen keine Kartons mehr, sondern Regale mit dicken Wälzern und riesigen Mappen. 200 Jahre alte handgezeichnete Karten, aus denen hervorgeht, wann wer welches Stück Land gepachtet hat und wie die Wasserrechte verteilt sind. Ein anderes Buch von 1887 verzeichnet alle Saloonbesitzer von Nord-Hollywood und vermerkt, ob sie neben der Alkohollizenz auch als Postsammelstelle agieren durften. Kommen Sie, bitte kommen Sie, sagt Michael und führt mich zu einem Raum, in dem alte Fotografien katalogisiert sind, die kaum jemand je zu Gesicht bekommen hat, Fotografien von Arbeitern beim Brückenbau. Hier, die Grundsteinlegung der City Hall. Und seit der Digitalisierung weiß man, dass es uns gibt, strahlt Michael. Man kann einen Antrag stellen, um Einsicht in bestimmte Akten oder Fotos zu bekommen. Er digitalisiert sie dann und schickt sie für ein paar Dollar Gebühr nach draußen. *Die da draußen wissen jetzt, dass es uns hier drinnen gibt.* Meint er mit »uns« nun sich oder uns beide?

Mir wird ein bisschen unheimlich, allerdings nur ein bisschen, denn so *weird* Michael auch ist, er hat sich immerhin viel Zeit für mich genommen und mich an seiner ganz eigenen Welt teilhaben lassen. Das waren sehr besondere Momente. Trotzdem suche ich den Absprung und erzähle, dass ich gleich noch die Stadtplaner treffen werde. Ah ja, drüben, City Hall, schade. Wenn er irgendwie noch helfen kann, solle ich jederzeit wieder vorbeikommen. Er reicht mir seine Visitenkarte und geleitet mich zur Tür. Ich verlasse Michaels Orbit und kehre zurück in die Welt.

A Network of Centers

Zurück in der City Hall erwartet man mich bereits oben bei den Stadtplanern. Alan Bell weiß nicht genau, was ich will, und ich weiß es ehrlich gesagt auch nicht. Wir reden erst einmal etwas allgemeiner über die Stadt, und ich bedaure, mich nicht besser auf diese Begegnung vorbereitet zu haben. Wobei Alan nicht ungeduldig ist. Als Stadtplaner im Rathaus kann man angesichts der Größe der Stadt und der Vielzahl der Fronten nur verzweifeln oder die Ruhe eines erfahrenen Kapitäns bewahren, sonst zieht das Herz irgendwann die Notbremse und flimmert. Alan Bell hat die nötige Ruhe, und deshalb nimmt er sich auch Zeit für das Treffen mit mir.

Los Angeles ist nicht viel älter als 200 Jahre und damit eine extrem junge Stadt. Es gibt wohl keinen anderen Ort auf dieser Welt, der einem derart kontinuierlichen Menschenansturm ausgesetzt war. Diese Stadt ist nach wie vor im Werden, sie ist ein Prozess, kein fertiges Ding. Man müsste eigentlich *L. A.-ing* sagen, um die Bewegung zu verdeutlichen.

Nichts bleibt, wie es ist, und nichts ist so, wie es scheint. Der Stadtteil Watts zum Beispiel war bis 1940 den Weißen vorbehalten und entwickelte sich in den Jahren danach zur Hochburg der afroamerikanischen Bevölkerung. Seit Beginn der 1980er-Jahre zogen mehr und mehr Schwarze in die südlicheren Bezirke von Los Angeles, ins San Gabriel Valley oder nach Orange County, und machten so in Watts wiederum Platz für eine Welle hispanischer Immigranten. Heute hört man dort fast nur noch Spanisch.

Ein weiteres Beispiel wäre das urprüngliche Chinatown, das mit Stumpf und Stiel ausgerissen wurde, um die Union Station bauen zu können. Das neue Chinatown konzentrierte sich in den 1920er- und 30er-Jahren in einem Areal, das eigentlich als Little Italy bekannt war. Die Italiener zogen weg und machten Platz für die Chinesen. Heute ist Chinatown zwar noch immer fest in chinesischer Hand, allerdings siedelt sich dort langsam eine interessante Kunst- und Galerieszene an, und die größere chinesische Community befindet sich nun in Monterey Park.

Die Stadt hat von vielem zu viel und von sehr vielem zu wenig. Zu viele Menschen, zu viele Autos, zu wenig Platz, kaum noch öffentlichen Raum, keine Grünflächen. Geld ist nie genug in der Stadtkasse, und die letzte Rezession ist noch deutlich spürbar.

Abgesehen von der anfänglichen Besiedlung und dem formenden Einfluss der Bahn gibt es noch andere Faktoren, die man im Kopf haben sollte, wenn man diese Stadt verstehen will: 1906 gab es eines der verheerendsten Erdbeben der Neuzeit. Im nahen San Francisco wurden Erdstöße von einer Stärke bis zu 8,4 auf der Richterskala gemessen. 3000 Menschen starben. Es entstand ein Schaden, der in heutiger Kaufkraft elf Milliarden Dollar entsprechen würde. Der Schock saß tief und führte dazu, dass man – anders als beispielsweise in Manhattan – keine Wolkenkratzer wollte. Es war verboten, höher als 45 Meter zu bauen. Die City Hall blieb lange die einzige Ausnahme. Man verfügte noch nicht über die heutige Technik, um entsprechend sichere Konstruktionen zu verwenden, außerdem gab es keine Notwendigkeit, mit städtischem Raum zu geizen.

1908 wurde ein Gesetz erlassen, das bis heute prägenden Einfluss auf die Form der Stadt hat. Man hatte vor Augen, wie die industrielle Revolution andere Städte zu finsteren Molochen verwandelt hatte. Nein, das moderne junge Los Angeles sollte anders sein. Ein Vorführmodell zukünftiger Städte. Das Bild von einem Los Angeles voller Blüten, klarer Luft und glücklicher Menschen ging nicht einher mit Wachstum und Industrie. Wer wollte schon neben einer Fabrik wohnen? Also verabschiedete man das *Residence District Ordinance* und das *Industrial District Ordinance*, zwei Gesetze, die Los Angeles in Zonen unterteilten, um zu verhindern, dass sich Industrie- und Wohngegenden vermischen würden. Die sogenannten *Zoning*-Vorschriften regeln noch heute die Flächennutzung und legen genau fest, wo sich Gewerbe und Industrie ansiedeln und wo gewohnt werden darf. Mit komplizierten Bestimmungen über Bebauungsdichte und Gebäudehöhe, Abstand zur Straße, Art der Grundstücksnutzung und Ähnlichem mehr kann nicht nur die Erscheinungsform der Stadtviertel beeinflusst werden, sondern zumindest indirekt auch, welche ethnische Gruppe sich in welcher Gegend bevorzugt ansiedelt.

Zur Industrie-Zone gehörten hierbei nicht nur die großen Fabriken, sondern auch Maschinengeschäfte, Holzlager, Seifenfabriken und »Ärgernisse« wie Schlachthöfe, Leichenhallen und Wäschereien. Um 1910 herum und lange danach hieß »sauber« in diesem Zusammenhang dann eben auch: frei von Schwarz und Gelb. Die Wäschereien zum Beispiel waren fest in chinesischer Hand, und mit denen wollte man nicht unbedingt in derselben Gegend wohnen.

Ohne diese Gesetze wäre Los Angeles anderen Städten heute sehr viel ähnlicher. Die Arbeiterwohnviertel würden nahe an den Industriezentren liegen, und die städtische Nutzung wäre eher gemischt, es gäbe Geschäftsstraßen mit Läden im Parterre und Wohnungen darüber. Aber man hatte damals weiten Raum in Hülle und Fülle, und man dachte wirklich, es ließen sich die typischen Probleme der Ostküsten-Großstädte vermeiden.

Alan erklärt mir, dass sechzig bis siebzig Prozent der Stadt mit Einfamilienhäusern bedeckt sind. Das sind zwei Drittel der Stadtfläche! Freie Grundstücke gibt es in Los Angeles so gut wie keine mehr. Die einzige Möglichkeit, dem Bevölkerungswachstum zu begegnen, liegt darin, dass bestehender Wohnraum umgeformt wird – so wie es gerade in Downtown passiert. Um bestehenden Raum effizienter nutzen zu können, sagt Alan, müssen allerdings die Zoning-Gesetze gründlich reformiert werden. Die strikte Trennung zwischen Wohn- und Industrievierteln muss so verändert werden, dass es bedeutend mehr gemischte Raumnutzung geben kann. Man habe inzwischen bestimmte Gegenden im Visier, in denen Wachstum und die Bildung von Ballungsräumen aktiv gefördert werden, erklärt Alan. *Targeted Growth Areas* nennt er diese Bereiche.

Eins dieser Gebiete ist der Douglas Park. Das riesige Areal der McDonnell Douglas-Werke, in denen zwischen dem Zweiten Weltkrieg und den frühen 1990er-Jahren Zehntausende von Arbeitern in der Luftfahrt beschäftigt waren. McDonnell Douglas fusionierte 1997 mit Boeing, und als diese entschieden, die Herstellung der Boeing 717 einzustellen, wurden die Werke in Long Beach geschlossen. Seitdem liegt das Gelände als das letzte verbleibende offene Industriegebiet in Hafennähe brach. Dort sollen sich nun Kommerz, Industrie und Wohngebiete verflechten, wozu gerade ein neuer Masterplan vorgelegt worden ist. Die Fläche dieser Werke entspricht in etwa einem Drittel des alten Berliner Flughafens Tempelhof. Eine Freifläche solchen Ausmaßes ist in Los Angeles ein unbezahlbarer Luxus!

Aber es geht nicht nur darum, bestehende Lücken zu füllen, fährt Alan fort. Klar, langfristig muss man mehr in die Höhe bauen, aber wir müssen die Stadt auch verdichten. Je flächiger ein Haus, eine Straße, ein Viertel, eine Stadt, desto höher der Aufwand, diese zu versorgen. Egal, ob es um Wasser, Elektrizität, Gas oder die Anbindung an Verkehrs- und Kommunikationsnetze geht. Die Versorgung von in Wohnungen umgewandelten Hotels, Lofts, ehemaligen Bürohäusern oder Condos ist ungleich günstiger als der Unterhalt von vielen Einfamilienhäusern für die gleiche Anzahl von Bewohnern.

Wir müssen uns von der Idee verabschieden, die Stadt in Richtung einer herkömmlichen urbanen Form zu entwickeln, eines einzelnen Kerns, mit drum herum gewachsenen Distrikten und Boulevards, die vom Zentrum wegführen.

Wenn es unser Ziel ist, eine Stadt mit vielen unterschiedlichen Vierteln entstehen zu lassen, sagt Alan, dann müssen wir versuchen, auch die hässlichen Transitkorridore attraktiver zu machen. Wir brauchen Bürgersteige, kleine Parks, Gärten und öffentlichen Raum, um so etwas wie Kieze entstehen zu lassen.

Das ehemalige Straßenbahndepot *Bergamot Station* in Santa Monica haben wir zum Beispiel ganz gut hinbekommen, sagt Alan. Ein Paradebeispiel für die Targeted Growth Areas. Es ist ein beliebtes Viertel geworden, in dem sich viele Galerien und Geschäfte angesiedelt haben, und wenn nach dem Ausbau der *Expo Line* dort voraussichtlich 2016 die Bahnstation eröffnet wird, erwarten wir täglich bis zu 3000 Touristen, Einkaufswütige und Sonnenanbeter. Bislang endet die Route von Downtown kommend noch in Culver City. Aber in drei bis vier Jahren wird man dann von Downtown selbst im Berufsverkehr in ungefähr 45 Minuten fast bis an den Strand von Santa Monica fahren können.

Der alte Traum vom *subway to the sea* scheint zum Greifen nah, auch wenn es sich bei der Expo Line nicht um eine U-Bahn, sondern um eine Straßenbahn handeln wird.

Studien von Transitsystemen anderer Städte zeigen, dass sich der Autoverkehr um zwanzig Prozent reduzieren lässt, wenn kommerzielle Ballungsgebiete mit einer Bahn oder Tramstationen ausgestattet sind. Die Planer hoffen, zwei Fliegen mit einer Klappe zu schlagen, indem sie lebendige Wohnanlagen und Geschäfte direkt um die

Bahn- und Busstationen herum entstehen lassen. Wachsende Viertel mit den Knotenpunkten des Nahverkehrs zu verknüpfen – die Vorgehensweise soll dazu beitragen, dass sich die Anfahrtswege reduzieren und der Verkehr erträglicher wird.

In Zukunft wird die Stadt sich wohl in eine Richtung bewegen, die ich von Tokio kenne: Ein Geflecht von Stadtteilen mit jeweils kleinen Zentren, die um den zugehörigen Bahnhof gewachsen sind. Genau so steht es im Programm der Stadtplaner: *The city as a network of centers connected by a mass transit system.* Von einer sich am Auto orientierenden Ausweitung der Stadt hin zu einem Konzept der vielen Zentren. Eine Stadt mit verschiedenen organisch gewachsenen Vierteln, mit weniger Autos und mehr Bürgersteigen, Radwegen. Wärmer und menschenfreundlicher!

Ich bedanke mich bei Alan für dieses lange Gespräch und mache mich mit summenden Ohren und vielen Gedanken wieder auf den Weg zu dem Büro von Stadtrat Tom LaBonge. Die Vorstellungen des Stadtplaners klingen gut und idyllisch. Während ich jedoch durch die inzwischen leeren Gänge der City Hall gehe, wird mir klar, dass die Sache einen Haken hat. Die stärkste Zuwanderung findet nicht in den Vierteln statt, in denen auch am stärksten gebaut wird. Die Einwohnerzahl der weißen und schwarzen Bevölkerung nimmt ab, die der stark familiengebundenen asiatischen und lateinamerikanischen Community wächst rasant an. Die aus Mexiko geholte Tante wird nicht in eine der neuen teuren Wohnanlagen in Westwood ziehen, ihr wird viel mehr ein Platz frei geräumt werden in der engen Wohngemeinschaft in Ost- oder Südost-Los Angeles.

Als ich wieder in Toms Büro erscheine, ist er schon zu einem Zusatztermin geeilt. Seine Assistentin sagt, die Bücher könne ich mitnehmen, Tom lasse jedoch ausrichten, ich müsse auf die Bibel schwören, dass ich sie wieder zurückbringe. Sie seien ihm kostbar. Und Tom wolle mich unbedingt noch einmal treffen. Er habe viel zu wenig Zeit gehabt heute, sagt die Assistentin. Und wegen des Termins bei der Polizei werde er sich noch bei mir melden.

Der beste Job der Welt

Eine Woche später ruft mich das *Los Angeles Police Department* an. Ich soll am nächsten Freitag, morgens um 6.15 Uhr, in der *Air Support Division* an der Union Station sein.

Ich bin ein bisschen enttäuscht, weil ich mir vorgestellt habe, nachts durch East L. A. zu fahren, Schießereien und Festnahmen zu erleben. Ich träume meinen schlechten Krimi zu Ende, bis mir klar wird, wer da gerade angerufen hat und wo ich hin soll. Air Support Division an der Union Station? Da stehen die Hubschrauber. Ich mache eine Tour mit dem Polizeihelikopter!

Um 6.30 Uhr ist Einsatzbesprechung. Mehrere Piloten sitzen in einem Raum mit einer großen Karte von L. A. und sind unglaublich guter Stimmung. »Wir haben den besten Job der Welt«, sagt der Einsatzleiter, bevor er kurz über die Besonderheiten des kommenden Tages spricht, die Wetterverhältnisse, und mich den anderen vorstellt. Ich muss Bögen ausfüllen und meine ID zeigen.

Mein zuständiger Pilot fragt, ob ich schnell kotzen müsse. Gott sei Dank bin ich als Kommissar bei den Dreharbeiten der ZDF-Krimireihe »Einsatz in Hamburg« mehrmals mit dem Helikopter geflogen, sonst würde mir jetzt allein schon vor Aufregung schlecht werden. Ich verneine also und frage mich, ob mir vielleicht nicht ganz klar ist, was genau eigentlich auf mich zukommt. Wir gehen aufs Dach, und da stehen sie und glänzen wie Libellen in der Morgensonne. Die Hubschrauber sind kleiner, als ich gedacht habe, aber vollgestopft mit modernster Technik, die man mir nun kurz erklärt. Ich bekomme einen Helm mit integriertem Kopfhörer und Mikro und setze mich auf die Rückbank. Vor mir rechts der Pilot, links der Beobachter. »Wir haben den besten Job der Welt!«, wiederholt der Pilot, setzt sich seine Sonnenbrille auf und geht eine Checkliste durch. Der Start wird freigegeben.

Dieser erste Moment brennt sich mir für immer ins Gedächtnis: Der Helikopter steigt langsam senkrecht auf, verharrt einen Moment, senkt die Nase ein wenig nach unten und schießt, als hätte man ihn gegen seinen Widerstand noch einen Moment zurückgehalten, über die Dachkante des Hauptquartiers in Richtung der Wolkenkratzer von Downtown davon, zwischen denen wir kurz verharren und dann weiter in die Höhe aufsteigen. Quecksilbrig gleißen die Glas- und Metallfassaden in der Morgensonne, und unser Spiegelbild zuckt über die reflektierenden Flächen.

Ich muss unbedingt mal wieder »Das fliegende Auge« mit Roy Scheider gucken, denke ich, diesen wunderbaren Krimi aus den 1980er-Jahren.

Morgens ist die Stadt noch unschuldig. »Kaum was los«, höre ich den Beobachter in meinem Kopfhörer. Das klingt fast entschuldigend: »Wir zeigen dir jetzt ein bisschen die Stadt.«

Zunächst geht es Richtung Norden, wir fliegen über Chinatown und das Dodger Stadium und dann fast hinein in die berühmten Hollywood-Buchstaben. Der Pilot zieht drüber hinweg, und wir kreisen über dem Griffith Park. Dort unten haben neulich Jogger mit Hunden einen abgeschnittenen Kopf gefunden, ob ich davon gehört habe? Habe ich. Hände und Füße hat man ein Stück weiter gefunden. Keinen Torso. Bizarr und unaufgeklärt, bis heute. Wir fliegen an der Sternwarte, dem Griffith Observatory, vorbei. Ausflügler, um eins der Fernrohre gruppiert, verwandeln sich vor meinem inneren Auge in Halbstarke, die den armen James Dean in eine Messerstecherei verwickeln.

Der Hubschrauber zieht eine Schleife über die Universal Studios. Unten liegt ein zertrümmertes Flugzeug und vermittelt aus der Luft gesehen keine guten Gefühle. Es gehört zum Set des Films »Krieg der Welten«. »Guck, da hinten ist die Villa von Brad und Angelina«, sagt der Pilot. Aber die mögen nicht, wenn wir zu dicht drüberfliegen.

Langsam begreife ich die Geografie der Stadt, wie sie sich zwischen Bergzüge und Küste schmiegt. Das Tal ist gefüllt wie eine Schale mit einem Meer von Einfamilienhäusern. Mittendrin leuchten die drei farbigen Komplexe des Pacific Design Centers wie Saphir, Smaragd und Rubin. Das Getty Museum, das ich so liebe, wirkt fast hässlich massiv aus der Luft, dabei fühlt man sich so federleicht, wenn man dort ist. Ich sehe die Versuche, den

Hügeln noch das letzte Grundstückchen abzuringen, die betonierten Flussbetten, die lange Küste, den Hafen, die Skyline von Downtown, aus der Ferne die fast anmutigen Schwünge und Schleifen der Highways, die Berge, und irgendwie sind wir alle drei nun gleichzeitig kurz still. Der Pilot, der Beobachter und ich.

Dramaturgisch perfekt kommt tatsächlich in diesem Moment ein Funkspruch: Einbruch in einem Einfamilienhaus. »Ist wieder bloß so'n Scheiß, das weiß ich«, sagt der Beobachter zum Piloten. »Aber gucken wir uns das mal an.«

Die Alarmanlage in einem Einfamilienhaus ist losgegangen. Wahrscheinlich ohne Einwirkung von außen. Aber nur wahrscheinlich.

Schnell sind die Koordinaten eingegeben, und dank GPS ist das Objekt bald punktgenau im Raster der Stadt gefunden. Innerhalb von zwei Minuten kreist der Hubschrauber in steiler Schräglage über dem Haus. Wir warten, bis die Cops unten angekommen sind. Solange überprüft der Beobachter mit dem Fernglas jedes Fenster, jede Tür. Ich erinnere mich kurz an die Spucktüte, die mir die beiden für den Fall der Fälle mitgegeben haben, aber ich fasse mich wieder. Es gibt direkten Funkkontakt zu einem Polizisten, der langsam um das Haus herumgeht.

»Vorsicht, rechts von dir kommt gleich eine Tür, auf die ich keinen freien Blick habe. Ist eine Hecke davor!«

Ein zweiter *Black & White*, so nennt man die Streifenwagen, kommt, und schon hat man am Boden die Lage im Griff. Blinder Alarm. »*Be careful and good luck*«, funkt der Pilot, und weiter geht's.

Wir fliegen über den Besitz von Spielberg, über das Playboy Mansion. Zu früh leider, noch nichts los, höre ich in meinem Kopfhörer. Am Strand wird gedreht, die Surfer warten auf die richtige Welle. Das Riesenrad am Santa Monica Pier steht noch still. Zwei Autodiebstähle stellen sich ebenfalls als Fehlalarm heraus, und der Mann mit dem großen schwarzen Hund, der in Beverly Hills an jeder Tür rüttelt, entpuppt sich als Rentner, der Gassi geht und Visitenkarten in die Briefkästen steckt.

Ich frage den Piloten, ob er mal spaßeshalber zum Coldwater Canyon fliegen könne. Da wohnt Cornelia Funke. Man kann kaum das Grundstück erkennen, so groß sind die alten Bäume. Aber der Pool ist zu sehen, und tatsächlich mache ich Luna, Cornelias Hund, aus. Dunkler Rock, braungrünes T-Shirt?, fragt der Beobachter. Ja, das ist sie! Nun erkenne ich sie auch.

Der Polizist greift zum Mikro: »*Hello Cornelia, hello Cornelia …*«

Halb Beverly Hills wird wach, und Cornelia greift sich ihren Hund und rennt ins Haus. Die beiden im Cockpit lachen sich schlapp und fliegen weiter in Richtung Santa Monica. Ob Cornelia das auch so lustig fand, erfahre ich erst später.

(Anmerkung C. Funke: »Das nehme ich mit ins Grab, Strecker!«)

Es gibt einen Notruf. Verwirrter Mann mit gezogener Pistole im Fashion District. Als wir ankommen, ist er gerade im zweiten Stock eines Hauses mit etlichen Geschäften gesichtet worden, in dem viele Menschen ein und aus gehen. Der Helikopter zieht wieder seine steilen Runden und dirigiert von oben die Polizeifahrzeuge. Inzwischen sind es acht oder neun. »Wir brauchen noch einen Black & White an der Südseite!« Obwohl die Situation noch nicht gelöst ist, dreht der Helikopter ab.

»Das wird noch eine Weile dauern dort unten«, erwidert der Pilot auf mein fragendes Gesicht. Unser Sprit reicht aber nur für zweieinhalb bis drei Stunden.

Wir müssen also zurück. Der Pilot grüßt den übernehmenden Hubschrauber und fliegt zurück Richtung Basis in Downtown.

Und selbstverständlich finden die Jungs, dass sie den besten Job der Welt haben. Sie sind im wahrsten Sinn des Wortes über allem. Über dem Dreck, den Staus, über der Angst und den Kollegen, die mittendrin sind. Dort unten.

L. A. von unten

Von unten betrachtet wirken die Helikopter völlig anders. Sie sind laut, aufdringlich, anonym, symbolisieren die unerbittliche Staatsgewalt. Man ist geneigt, fiese Cops hinter die getönte Cockpitscheibe zu projizieren, mit Oberlippenbärten und verspiegelten Ray-Bans. Diese Klischees werden bedient, und es gibt sie hier zuhauf. Festungen aus Bürokratie, Unnahbarkeit, Machtgehabe. Zum Kotzen!

Aber ich nehme an, bei den meisten handelt es sich bei diesem Gehabe um eine unverzichtbare Schutzmaske, denn Los Angeles kann gefährlich sein, und die Polizisten sind dieser Gefahr permanent ausgesetzt. Wie soll man verstehen, dass man mit achtzehn keinen Alkohol trinken, aber eine tödliche Waffe tragen darf? Das Los Angeles Police Department (LAPD) hat sich jedenfalls mit der Tatsache auseinanderzusetzen, dass jeder, wirklich jeder eine Schusswaffe zur Hand haben könnte und diese auch einsetzt.

Los Angeles ist die US-Hauptstadt der Gangs. Laut Aussage des LAPD gibt es 450 aktive Gangs mit mehr als 45 000 Mitgliedern. Manche der Gangs existieren seit mehr als fünfzig Jahren. South Central, Watts, Newton und Compton gehören zu den gefährlichsten Gegenden. Die Mordrate liegt hier teilweise achtmal höher als der US-Durchschnitt. Wobei man sich diese Gegenden nicht vorstellen darf wie etwa die Slums am Flughafen von Mumbai. Es gibt etliche Wohnkasernen, wie überall in der Stadt, aber auch hier finden sich die obligatorischen Einfamilienhäuser. Nicht weil dieses Viertel mal eine bessere Gegend war, sondern vielmehr, weil es auch der Traum eines Gangsters ist, Familie, ein eigenes Haus mit Garten zu haben und von den netten Nachbarn respektiert zu werden.

Es gibt keinen Grund, sich diese Viertel anzusehen, außer man hat ein klares Ziel oder Freunde, die sich dort auskennen. Ich möchte Sie nicht verängstigen, man wird Sie nicht gleich auf der Stelle erschießen, aber ein herumschlendernder Tourist könnte provozierend wirken und wäre nicht viel mehr als eine willkommene Ablenkung. Vor allem aber gibt es in diesen Vierteln nicht wirklich etwas zu sehen. Nichts Schönes, nichts Interessantes. Das ist ja das Problem. Es gibt nichts. Das Einzige, was auffällt, ist vielleicht eine größere Dichte an Alkoholgeschäften und *Pawn shops*, also Pfandleihen.

Trotzdem war ich neugierig, als ich von der *L. A. Gang Tour* hörte, bei der Teile der Einnahmen den Frauen zugutekommen sollten, deren Männer lange im Gefängnis sitzen. Jeder Tourbus wird von mindestens einem lokalen Gang-Mitglied begleitet, und um die Sicherheit der Teilnehmer zu garantieren, wird für den Tag der Tour sogar ein Waffenstillstand zwischen den rivalisierenden Gangs arrangiert. Es klang ein wenig so, als würde man mit einem UN-Schutzkonvoi durch ein Krisengebiet fahren, aber ich wollte diese Tour trotzdem machen und den Erfinder des Projekts treffen.

Alfred Lomas war Mitglied einer der größten und berüchtigtsten Gangs in South Central, gehörte außerdem einer Elite-Einheit des U.S. Marine Corps an und arbeitete später als Leibwächter für unterschiedliche Bandenbosse. Er sagt, Gott habe ihn zum Umdenken gebracht. Vielleicht war es aber auch der dringende Rat seines Bewährungshelfers, jedenfalls hat Alfred sich von der Gewalt losgesagt und dieses interessante Projekt aufgebaut, bei dem seine alten Verbindungen ihm natürlich von großem Nutzen sind.

Bevor ich den schwarz-silbernen Reisebus an der vereinbarten Ecke finde, laufe ich an einer Schlange von Hunderten von Schulkindern vorbei. Sie reihen sich geduldig im Schatten um einen Block, in dessen Zentrum Hüpfburgen und Buden hinter den Absperrgittern auf den morgendlichen Ansturm warten. Für ein Volksfest sieht die Veranstaltung allerdings ein wenig trostlos aus. Ich frage Alfred, der vor dem Bus schon auf seine Gäste wartet.

Nein, nein, das sei kein Volksfest, sondern die Armenspeisung. Hier ist die Basis vom *Dream Center*, einer christlichen Non-Profit-Organisation, die sich bemüht, Arme aus der Isolation zu befreien, ihnen Ausbildung, medizinische Versorgung und vor allem Nahrungsmittel zukommen zu lassen. Zweimal pro Woche finden diese Treffen statt, wobei es ausreichend Ressourcen gibt, um sich um ungefähr 600 Menschen und ihre

Familien zu kümmern. Mit dem Dream Center hat für Alfred alles begonnen. Hier hat er nach seiner Zeit in der Vollzugsanstalt das *Food Truck*-Programm geleitet, die mobile Essensausgabe.

Auf dem Weg zur ersten Station der vierstündigen Tour, den Watts Towers, stellt Alfred sich und zwei frisch aus der Haft entlassene Bandenmitglieder vor, die von ihrem Werdegang erzählen werden. Dann geht es mitten ins Herz der Gang-Geschichte: Wir bekommen einen Dokumentarfilm zu sehen, den Alfred immer wieder kurz anhält und kommentiert.

Die Entstehung der Gangs geht zurück bis in die 1950er-Jahre. Damals wurde den schwarzen Jugendlichen der Zugang zu den *Boy Scouts of America*, den Pfadfindern, verweigert, und man begann eigene Gruppen zu gründen. Das waren noch keine Gangs im heutigen Sinne, der Begriff wurde erst später vom LAPD eingeführt, sondern eher Jugendclubs. Man traf sich, genoss seinen Status, Identität, Akzeptanz. Aber es entstanden auch Rivalitäten zwischen den Gruppen, aus einem jugendlichen Balzgehabe heraus. Man machte Termine aus, um sich zu treffen und Faustduelle auszutragen. Das hatte eher Wettkampfcharakter und war nicht heftiger als überall auf der Welt.

Das LAPD wurde damals (1950–66) von William Parker fast wie eine paramilitärische Einheit geführt, und das bekamen besonders die Schwarzen zu spüren. Sie wurden auf Schritt und Tritt überwacht, beschimpft, auf offener Straße kontrolliert und dazu aufgefordert, in ihren Vierteln zu bleiben.

Es gab in Los Angeles keinen offenen Rassismus, kein Verbot, sich im Bus zu setzen oder eine Parkbank zu benutzen. Aber sehr wohl gab es Einschränkungen auf dem Immobilienmarkt. Schwarzen wurden nur in bestimmten Bezirken Immobilien verkauft. Egal, wie hoch ihr Einkommen war. *The right neighborhood to the right time.* Die Alameda Street war die strikte Trennungslinie der Rassen, der *white curtain*. Östlich davon war die Stadt den Weißen vorbehalten, westlich davon durften sich die Schwarzen aufhalten.

1965 wurde ein junger Schwarzer wegen vermeintlicher Trunkenheit am Steuer festgenommen, und obwohl er nur zwei Blocks von zu Hause entfernt war, wurde sein Auto beschlagnahmt. Während er sich mit den Polizeibeamten stritt, kamen immer mehr Schaulustige hinzu, unter ihnen auch seine Mutter. Beide wurden verhaftet, die Menge blieb jedoch stehen und wuchs weiter an, ebenso ihr Zorn. Als sich die Versammlung auch in den nächsten zwei Tagen nicht auflöste, schoss die Polizei in die Menschenmenge, und die Nationalgarde riegelte den Bezirk ab. Erst nach fünf Tagen anhaltender Straßenschlachten konnte der Aufruhr erstickt werden.

Diese sogenannten *Watts Riots* haben das Selbstverständnis der schwarzen Bevölkerung verändert. Allerdings währte der neu entstandene Stolz, der *Black Pride*, nicht lange. Expräsident Hoover und sein FBI versuchten der Politisierung der Bewegung entgegenzuwirken. Alle Führer wurden verhaftet, Malcolm X und Martin Luther King später von Attentätern erschossen.

In der darauf folgenden Leere wuchs eine neue Generation heran, hoffnungslos und apolitisch. Die *Crips* wurden gegründet, wenig später die *Bloods*. Mit ihnen brach eine Periode an, in der es nur noch ums gegenseitige Abknallen ging. In den vergangenen zwanzig Jahren gab es in L. A. und L. A. County an die 15 000 Morde, die mit den Gangs in Verbindung gebracht werden.

27 Jahre nach den Watts-Unruhen hielten vier Polizisten den schwarzen Rodney King wegen einer Geschwindigkeitsübertretung an und schlugen ihn brutal zusammen. Als die Beamten freigesprochen wurden, obwohl ein Amateurfilm bewies, dass sie zu viert auf den liegenden Mann eingeschlagen hatten, explodierte die Gewalt ein weiteres Mal.

Diesmal entstand ein dreitägiger Flächenbrand, der sich auf ganz Süd-Los Angeles und auch Koreatown ausbreitete und die Polizei völlig unerwartet traf. 55 Menschen sterben, 2000 werden verletzt. Ein Freund berichtete, er sei gerade noch rechtzeitig nach Hause gekommen, kurz darauf wurde Beverly Hills lückenlos abgeriegelt, weil eine wütende und schießende Menge sich Richtung Westen bewegte. Man traf sich auf den Dächern und starrte fassungslos in Richtung Osten. Der Horizont brannte, die Luft war voller Hubschrauber, und aus Richtung Redondo Beach hörte man das Maschinengewehrfeuer. Dieses Trauma sitzt tief und erklärt vielleicht, warum bei harmlosen Veranstaltungen wie dem Downtown Artwalk ein derart unverhältnismäßig großes Polizeiaufgebot bereitgestellt wird.

Zwischenstopp an den Watts Towers. Merkwürdig schöne, bis zu dreißig Meter hohe Türme aus Glasscherben, Schrott und Beton, die aus einer anderen Welt zu kommen scheinen. Und doch gehören die Türme so sehr zum Stadtteil Watts, dass sie hier in der Gegend ein beliebtes Tattoo sind. Sie stehen symbolisch für das, was man aus dem Nichts erschaffen kann, wenn man nur eine Vision und genug Ausdauer hat. Wie der Erbauer Simon

Rodia. Er arbeitete 33 Jahre an dieser Konstruktion, von 1921 bis 1954, einfach nur, um ein Ausrufungszeichen in die Welt zu setzen. Einer der beiden Tourbegleiter meint, hier habe er sich früher nicht hingetraut, der Kiez gehöre den anderen. Der Mann ist auch heute noch froh, als er wieder in den Bus steigen kann, glaube ich.

Als Nächstes fahren wir am Florence-Firestone-Viertel vorbei, wo die *Crips* gegründet wurden. Eine Kreuzung weiter hängen Sound-Detektoren an den Ampeln, die erkennen können, aus welcher Richtung ein Schuss gefallen ist. Man zeigt uns den Platz, an dem die Rodney-King-Unruhen begannen, und wir fahren an der *Rampart Police Station* vorbei, der skandalösen Polizeiwache, die den Stoff für die TV-Serie »The Shield – Gesetz der Gewalt« lieferte. Schließlich halten wir vor dem *Men's Central Jail*, dem zentralen Männergefängnis.

»Da drinnen habe ich gesessen.« Rossio, einer der beiden frisch Entlassenen, die Lomas begleiten, spricht etwas zu leise und wird von ihm immer wieder ermutigt. Er sei es nicht gewohnt, vor Menschen zu reden, fährt er fort. Er ist auch noch nicht so lange draußen, drei Wochen gerade. Nach zwölf Jahren. Insgesamt hat er achtzehn Jahre seines Lebens im Gefängnis verbracht. Beim ersten Mal war er noch jung, und wie auch heute noch gehörte es fast zum guten Ton, als Jugendlicher schon im Knast gewesen zu sein. Als er von früher erzählt und seinen Aufgaben in der Gang, wird er von einer Tourteilnehmerin unterbrochen. Was er denn damit meine, er sei der *shooting man* gewesen. »*Well*«, zögert er, »*I was shooting people.*«

Lomas unterbricht das Schweigen und erklärt uns, dass neunzig Prozent aller Entlassenen früher oder später wieder in der Vollzugsanstalt landen. Zwei Drittel innerhalb der ersten drei Jahre. »Die Jungs haben draußen keine Chance. Die Bürokratie macht es fast unmöglich, dass du wieder in die Gesellschaft aufgenommen wirst. Obwohl du nicht mehr sitzt, bist du den Rest deines Lebens Häftling. Soziale Hilfen sind für alle gestrichen, die irgendwann mal was mit Drogen zu tun hatten. Nicht nur finanzielle Hilfen, sondern auch Essensgutscheine.«

»Wir sind sogar vom *Federal Housing* ausgeschlossen«, mischt sich der Busfahrer ein. »Auch unsere Familien.«

Die *Federal Housing Administration* vergibt entweder sehr günstige Kredite oder direkte finanzielle Hilfen, um einkommensschwachen Menschen den Erwerb einer Wohnung zu ermöglichen. Ohne diese Unterstützung gelingt es in der Regel nicht, aus den alten Strukturen auszubrechen und woanders hinzuziehen.

»Es ist so schon schwer genug, Arbeit zu finden, aber als Exhäftling? Vergiss es! Ohne Alfred hätte ich diesen Fahrer-Job nie bekommen. Ich mach das jetzt seit drei Jahren. Und, bist du zufrieden, Alfred?!«

»Ja, ja, du bist gut. Du warst früher schon ein guter Fahrer, bei unseren Banküberfällen. *No, don't worry. Just kiddin'.*« Alfred Lomas wird wieder ernst. »Die L. A. Gang Tour ist eigentlich ein soziales Programm. Mithilfe der Einnahmen ermöglichen wir Fortbildungen und schaffen Jobs, wobei wir hauptsächlich die Jugendlichen im Visier haben. Die Exsträflinge, die hier arbeiten, sind ausgebildet als Mediatoren für Gang-Konflikte und in Sachen Gewaltprävention. Vor allem wissen sie, wovon sie sprechen, und das merken die Kids. Wir bekommen keine staatliche Unterstützung. Den Staat interessiert das nicht. Die investieren lieber in neue Gefängnisse als in Reha-Programme. *Lunch break everybody!*«

Alfred hat recht, in Kalifornien hat sich seit 1980 die Zahl der Gefängnisse verdreifacht, und trotzdem platzen sie aus allen Nähten. Die Zahl der Inhaftierten steigt achtmal schneller als die der Gesamtbevölkerung. Es werden so viele Menschen verhaftet wie niemals zuvor, und sowohl der Platzbedarf als auch die Kosten explodieren. Der Staat stellt für Gefängnisse inzwischen mehr Geld zur Verfügung als für höhere Bildung.

In den gesamten USA sind über 2,2 Millionen Menschen damit beschäftigt, Kriminelle zu fangen, sie zu verurteilen und zu verwahren. Das sind so viele Arbeitsstellen wie bei Wal-Mart, General Motors und Ford zusammen. Mit einem neuen Gefängnis verwandeln sich Provinznester in wichtige Wirtschaftsstandorte. Renommierte Firmen lassen in Gefängnissen ihre Produkte für manchmal nur zwei Dollar die Stunde herstellen, von denen letztlich nur zwanzig Prozent an den Inhaftierten ausbezahlt werden. Das lohnt sich. Gefängnisse sind die Baumwollfelder von heute.

Die Lunchpause ist übrigens phantastisch. Ein kleiner mexikanischer Familienbetrieb, den ich auf eigene Faust vermutlich nie entdeckt hätte. Anschließend halten wir vor einigen Fabrikhallen, die auf ihrer kompletten Fläche mit Graffiti bedeckt sind. Uns werden die darin verborgenen Codes und Chiffren gezeigt und erklärt. Rossio zieht sein Shirt aus und präsentiert stolz seinen Oberkörper. Vom Bauchnabel bis zum Brustkorb prangt ein riesiges *F13*. Die Abkürzung des Reviers seiner Gang: 13th Street, Ecke Florence Street. Selbst gestochen. Mit einer einzigen Nähnadel. Das brauchte Zeit. Und die hatte er. Wie gesagt: achtzehn Jahre.

Auch der Busfahrer zieht sein Hemd aus und verwandelt sich mit fröhlichem Gesicht in ein trauriges Kunstwerk. Auf seinem Körper hat sich kein Tattoomeister aus Silver Lake verewigt. Keine Buddhas zieren seinen Körper, sondern ein großes *1 %*, was bedeutet, dass er ein *outlaw*, also ein Gesetzloser, gewesen ist. Außerdem trägt unser Fahrer ein geschnörkeltes *Alicia*. Alfred behält sein Shirt an und posiert nun mit den anderen vor dem ebenso kunstvoll tätowierten Hauswänden. Sie erklären uns die Codes. Drei Finger für 3rd Street, die beiden Victory-Finger symbolisieren waagerecht gelegt das F für Florence Street. Wir könnten jetzt Fotos von ihnen machen, wenn wir wollen.

Der einzige Moment der Tour, der mir etwas aufstößt, aber als ich sehe, wie sehr die Jungs die ihnen entgegengebrachte Aufmerksamkeit genießen, verflüchtigt sich meine Sorge, das Ganze könnte zu einem voyeuristischen Zoobesuch werden. *Good job, Alfred!*

Die alten Kämpfe zwischen *Bloods* und *Crips* und ihren Hunderten von lokalen Untergruppen muten heute fast romantisch an. Immer häufiger gibt es blutige rassistische Auseinandersetzungen zwischen den kaum noch vorhandenen schwarzen und den immer stärker anwachsenden mexikanischen Jugendgruppen. Oder mit den berüchtigten *Mara Salvatrucha*. Nach dem Bürgerkrieg in El Salvador in den 1980er-Jahren immigrierten viele Flüchtlinge nach L. A. Mara Salvatrucha wurde ursprünglich gegründet, um die ankommenden Salvadorianer vor den mexikanischen Gangs zu schützen. Sie sind berühmt für ihre völlig ungehemmte Brutalität und die auffälligen Gesichtstätowierungen. Das Sinaloa-Kartell rekrutiert die

Maras inzwischen im Drogenkrieg gegen andere Kartelle südlich der Grenze zu den USA.

Man kann natürlich auch Bustouren durch West Hollywood oder Beverly Hills machen, bei denen dann erzählt wird, welcher Promi hinter welcher Hecke wohnt. Man macht einen Gang über den Walk of Fame, geht ein paar Blöcke die Melrose Avenue entlang, schaut sich den Rodeo Drive an, erinnert sich an »Pretty Woman« und hofft, eine Berühmtheit aus dem Chanel-Shop kommen zu sehen. Muscle Beach in Venice darf ebenso wenig fehlen wie eine Portion Zuckerwatte auf dem Santa Monica Pier.

Und am Ende hat man dann zwar etwas von L. A. zu sehen bekommen, die Stadt aber nicht wirklich gespürt.

Architextur

Eine Schamanin in Venice sagte einmal zu mir, Los Angeles sei wie Google.

Das Bild ist nicht schlecht. Auf den ersten Blick sieht man auf dem Computerbildschirm nur eine fast leere Seite, aber sie birgt unfassbares Potenzial. Es ist alles da und gleichzeitig nichts. Man muss etwas wollen, etwas »eingeben«, sonst bleibt die Seite leer. Und wenn man sich als Tourist nicht gründlich überlegt, was man eigentlich sucht, kommen einem in Bezug auf Los Angeles nur die Dinge in den Sinn, von denen man schon gehört hat oder die sich klischeehaft laut aufdrängen: Walk of Fame, Hollywood Sign, Disneyland oder Filmstars. Tippe ich nur solche Begriffe in die Suchmaschine, bekomme ich entsprechend eindimensionale Antworten. So funktioniert diese Stadt nun einmal. Wie man hereinruft, so schallt es heraus.

Vielleicht ist das ein weiterer Grund dafür, dass der Menschenstrom hierher nach wie vor nicht abbricht.

Man findet hier, was man sucht, oder genauer: Man erkennt wieder, wovon man träumt.

In New York ist es fast egal, an welchem Punkt man seine Exkursion beginnt, man wird sehr bald von einem Strom erfasst und irgendwohin gesogen, wo es etwas Interessantes zu sehen gibt. Los Angeles funktioniert so nicht. Die Stadt unterliegt ungewöhnlichen räumlichen Bedingungen, folgt anderen Gesetzen und ist keine Metropole, in der man ankommt und sich einfach treiben lässt. Ähnlich funktioniert es mit der Architektur: War man schon einmal in Barcelona, so hat man diese Stadt vermutlich abgespeichert als Ort mit grandiosen Bauten. Diese oder andere europäische Städte im Kopf, unterschätzt man die Architektur in Los Angeles und ist wieder in die Vergleichsfalle getappt. In L. A. war man nie versucht monumental zu bauen, und die baulichen Schätze von Los Angeles sind im Verhältnis zu Barcelona auf einer Fläche verteilt, die zwölfmal so groß ist, ohne dass es dabei einen Stadtkern gäbe, auf dem sich das Sehenswerte ballt.

Kathedralen moderner Architektur gibt es in Los Angeles trotzdem: die strahlende Walt Disney Concert Hall von Frank Gehry, Richard Meiers Getty Center, das Pacific Design Center von César Pelli, der auch die spektakulären Petronas Twin Towers in Kuala Lumpur gebaut hat. Oder Kinotempel wie Grauman's Chinese Theatre und das Egyptian Theatre. Und was die Architekturliebhaberherzen wirklich hüpfen lässt, sind die Spuren, die Architekten wie Schindler, Lloyd Wright, Neutra, Soriano, Ellwood, die Brüder Eames, Saarinen, Koenig und Gehry hinterlassen haben: unzählige kleinere Projekte, Werkräume, Studios, Einfamilienhäuser, die verborgen liegen in den kurvigen Straßen der Hügel, aber oft über eine atemberaubende Aussicht verfügen. Oder über eine Schlichtheit, die einen fast vorbeilaufen lässt, zum Beispiel am Danziger Studio in der Melrose Avenue. Das kubistische Vierzimmerhaus, 1964 von Meister Frank Gehry gebaut, fand im Herbst 2011 für 1,59 Millionen Dollar einen neuen Besitzer. Nicht die Summe machte Schlagzeilen, denn die ist für L. A.-Verhältnisse eher niedlich, sondern die Tatsache, dass der Käufer 200 000 Dollar mehr bezahlte, als er musste. Kein Mensch weiß, warum, aber jetzt ist das Haus auf jeden Fall seins.

Das Magazin *Arts & Architecture* finanzierte zwischen 1945 und 1966 das sogenannte *Case Study House Project*, für das mehrere berühmte Architekten damit beauftragt wurden, Prototypen experimenteller, aber günstiger Wohnhäuser zu entwerfen und diese auch zu bauen. Die Modellhäuser sollten ein moderner und kostengünstiger Weg sein, der Wohnungsnot infolge der zu Hunderttausenden aus dem Zweiten Weltkrieg heimkehrenden Soldaten Herr zu werden. Es entstanden Ikonen der modernen Architektur wie das *Case Study #8* von Eames und *Case Study #22* von Pierre Koenig. Insgesamt wurden 36 von diesen Case Study Houses entworfen. Zwanzig davon stehen in Los Angeles. #22 und #8 sind die einzigen beiden Häuser, die man auch von innen besichtigen kann.

Eine der neuesten Perlen glänzt auf dem San Vicente Boulevard: die West Hollywood Library. Die elegante, dreistöckige, öffentliche Bibliothek begeistert besonders innen. Eine Lobby mit einer weißen, von einem Glasdach gekrönten Treppe empfängt den Besucher; eine Fensterfront, die vom Boden bis zur Decke reicht, rahmt großzügig den Blick auf das Pacific Design Center. Auf der gesamten Etage sitzt man unter einer monumentalen, aber fein gearbeiteten hölzernen Kassettendecke, sodass die Großzügigkeit des Raumes, mit beruhigender, behaglicher Wärme kombiniert, zum Lesen und Schreiben einlädt. Wirklich, man betritt den Raum und denkt, hier möchte ich lernen, lesen, denken. Etwas unschön an die Rückseite des Gebäudes geklebt sind zwei Parkhäuser, die hauptsächlich nachtaktiv sind, da sie im Einzugsgebiet der Partymeile des Santa Monica Boulevard liegen.

Auch hier lassen wieder Tag und Nacht zwei unterschiedliche Aspekte hervortreten: Tagsüber ist der vordere Teil des Gebäudes mit Menschen gefüllt, die sich Bücher ausleihen, an ihren Dissertationen arbeiten oder aus anderen Gründen recherchieren. Nachts ist das Parkhaus im hinteren Teil taghell erleuchtet und voller glänzender Autos und aufgehübschter Menschen, die von Konzerten oder aus den Bars und Clubs kommen.

Die flächige Außenseite des Parkhauses allerdings war den Architekten und Designern Steve Johnson und James Favaro wohl doch zu simpel. Sie beauftragten drei Street Artists, sich an der Fassade auszutoben. Und nun schmücken drei hausgroße Kunstwerke die rückseitigen Fassaden der Bibliothek. Die senkrecht zerlaufenden, blauschwarzen Zeichen sind typisch für RETNA, der hier Texte von Salman Rushdie kryptisiert hat. Außerdem finden sich Kenny Scharfs psychedelische Monstercomicfratzen und das bisher flächendeckendste Werk von Shepard Fairey: der *West Hollywood Peace Elephant.*

Das Werk zeigt tatsächlich einen Elefanten, der eine Blüte im Rüssel trägt, gefolgt von einer Friedenstaube. Das klingt grauenvoll, sieht aber großartig aus. Faireys monumentale Motive, die mich immer ein wenig an alte

Propaganda-Plakate erinnern, vermischen sich leicht ironisch mit indisch anmutenden Ornamenten und entwickeln eine seltsame Schönheit. Wenn man genau hinguckt, entdeckt man im Stempel der Blüte das für Fairey typische *» Obey the Giant«*-Piktogramm.

Ungefähr acht Meilen östlich der Library liegt ein anderes Schmuckstück inmitten der Glas-Stahl-Giganten auf der 5th Street in Downtown. Auch eine Bibliothek, die drittgrößte der USA, und ebenso mit beeindruckender Wandmalerei verschönt. Die Grand Central Library. Ich hatte die Ehre, dort gemeinsam mit Cornelia Funke vorlesen zu dürfen. Lesungen in den USA unterscheiden sich sehr von denen in Deutschland. Es werden höchstens zehn bis fünfzehn Minuten aus dem Buch gelesen, danach gibt es eine Fragestunde, die also den Hauptteil der Veranstaltung ausmacht. Denn lesen können die Besucher zu Hause auch selbst, aber den Autor spüren, erleben, ihm begegnen, das ist etwas Besonderes, dafür kommen die Leute.

Und kaum haben Cornelia und ich die Bücher zugeklappt, spüren wir sie wieder, diese für Los Angeles typische Neugierde. Sofort gehen die Hände hoch, und man fragt uns Löcher in den Bauch. Die Fragen sind im Großen und Ganzen keine anderen als in Deutschland, aber man hat hier weniger Berührungsängste. Vor allem die Kids nicht. Gegen Ende der Veranstaltung kommt von einer älteren Dame eine unerwartete Frage. Ob wir denn nicht noch ein kurzes Stück auf Deutsch vorlesen könnten, sie würde ihre Sprache so gern mal wieder hören.

Im Zentrum der Central Library steht der prägende Pyramidenturm, der vor allem von innen einen Blick wert ist. Im ersten Stock befindet sich eine beeindruckende Rotunde, von deren zwanzig Meter hoher wunderschöner Decke ein Lüster hängt, der die Erde und das Sonnensystem darstellt. Die 48 Lichter repräsentieren die 48 Vereinigten Staaten (1926, im Jahr der Eröffnung, gehörten Hawaii und Alaska noch nicht zu den USA). Die Malereien an den Wänden erzählen von der Entdeckung und Besiedelung Kaliforniens und der Gründung von Los Angeles.

1986 legten Brandstifter in einem der Magazine Feuer, das sich erst durch den Kartenraum fraß, dann durchs Archiv der Wissenschaften und später jahrhundertealte Literatur verschlang. 400 000 Bücher, historische Landkarten, Foto-Negative und Patente wurden Opfer der Flammen oder des Löschwassers. In den Wochen danach arbeiteten 1700 Freiwillige an der Rettung der Bibliothek. Sie verpackten aufgeweichte Bücher in Kisten, die dann zu einer texanischen Spezialfirma zum Gefriertrocknen geschickt wurden. An die 214 Millionen Dollar Spendengelder wurden zusammengetragen, sodass man das *Los Angeles Conservancy* gründen konnte. Diese Organisation entspricht unserem Denkmalschutz, geht aber sehr viel mehr an die Öffentlichkeit. Ihre Arbeit ist dringend nötig. Die Bewohner dieser jungen Stadt, die sich in rasendem Tempo immer wieder häutet und selbst erneuert, müssen erst einen Sinn entwickeln dafür, dass Altes einen Wert hat und beschützt werden muss.

Das Los Angeles Conservancy bietet jedes Wochenende aufregende Touren durch Downtown an. Zum Beispiel die *Art Déco Tour*, die *Historic Theatre Tour* oder die *Commercial District Tour*. Dabei kann man dann unter vielem anderen das berühmte Millennium Biltmore Hotel sehen, einst das größte Hotel westlich von Chicago, das

Bradbury Building, in dem »Blade Runner« und »The Artist« gedreht wurden, die Bibliothek, einige der alten Kinotempel sowie das Southern California Edison Company Building. Einige der Gebäude können im Rahmen der Touren auch von innen besichtigt werden.

Auch wenn Downtown langsam eine Renaissance erlebt und zur *coolen neighborhood* wird – an der einstigen Prachtmeile, dem Broadway, kann man noch immer erkennen, wie sehr der Bezirk nach dem Zweiten Weltkrieg in Agonie lag. Fast zwei Dutzend elegante Kaufhäuser und Bekleidungsgeschäfte säumten diese Straße, abgelöst nun von Secondhandshops, Billiggeschäften und Taco-Buden. Hier befand sich einst das Epizentrum der Unterhaltungsindustrie. Von den zwölf Kinotheatern mit ihren geschwungenen Marmortreppen, prächtigen Balkonen, goldgesprenkelten Decken und bis zu 2450 Plüschsesseln werden heute zwei als Kirchen genutzt und zwei weitere ausschließlich für Dreharbeiten. Alle anderen sind seit Jahrzehnten mexikanische Ramschmärkte oder geschlossen. Lediglich das Million Dollar Theatre hat ein regelmäßig laufendes Programm alter Filmklassiker.

Mein Sohn Linus war mehrmals und gern mit mir in Los Angeles, weil er sich sehr mit Cornelia Funkes Sohn Ben versteht. Beide schwerst pubertierend, supercool und nicht gerade leicht zu begeistern. Bei seinem ersten Besuch war es noch recht einfach. Es reichte, ihm das normale Alltagsleben der Stadt vorzuführen. Die Cola im Kino zum Nachfüllen! Der Hamburger, die Autos, alles sooo groß! Regale mit gefühlten achtzig Sorten Cornflakes. Es war so einfach, ihn zu beglücken.

Eine Fahrt zum Hafen war damals genau das Richtige. Das *Aquarium of the Pacific* ist selbst für Erwachsene aufregend. Haie, die man anfassen darf, und viele, bei denen man das besser nicht versucht. Verschiedene riesige Becken, die nach Themen geordnet sind: tropischer Pazifik, Atlantik, arktische und antarktische Unterwasserlandschaften, Pinguin- und Otterbecken. Gleich neben dem Ausgang des Aquariums befinden sich die Anleger für die Whale-Watching-Boote. Selbst wenn man kein Glück hat und die riesigen Blauwale oder Orcas nicht auftauchen, lohnt sich die zweistündige Fahrt vorbei an der Queen Mary und den großen Hafenbojen, auf denen sich fette Robben drängen. Mit Sicherheit schießen bald neugierige Delfine vorm Bug aus dem Wasser, und auch wenn die Veranstalter keine Ortungsgeräte benutzen und das Auftauchen der Wale nicht garantieren können, stehen die Chancen doch das ganze Jahr hindurch relativ gut. Vor allem zwischen Dezember und März, wenn die Wale die warmen mexikanischen Wasser verlassen und in Richtung Norden an der kalifornischen Küste vorbeiziehen.

Einer meiner absoluten Lieblingsplätze eignet sich in diesen Monaten am besten, um Wale zu beobachten. Fährt man den Pacific Coast Highway in Richtung Santa Barbara, kommt man am Point Dume State Preserve vorbei: ein Naturschutzgebiet, auf dessen Zuckersandwegen man bis an den Rand der Steilküste laufen kann. Der Ausblick verschlägt einem den Atem. Richtung Osten erstreckt sich die gesamte Bucht von Los Angeles, westlich gibt es einen Abstieg zum lang gezogenen Zuma Beach, geradeaus fällt die Steilwand dreißig Meter in die Tiefe. Wenn dann auch noch ein Wal auftaucht und seine Fontäne in den blauen Himmel bläst ...

Ein Jahr später kam mein Sohn mich abermals in L. A. besuchen, und nun waren die Universal Studios genau das Richtige. Die Jungs vergaßen, dass sie eigentlich ganz schnell ganz erwachsen hatten sein wollen, und stürmten von der Geisterbahn zu »Terminator«, »Mumie«, »Transformers« und »Waterworld«. Hierbei handelt es sich jeweils um ausgeklügelte achterbahnähnliche Fahrgeschäfte, manchmal auch nur um fahrbare Kabinen, die sich in einer 3D-Kinokuppel bewegen und mit denen man förmlich durch den Film saust. Und für das Shrek-4D-Theater waren selbst Linus und Ben nicht zu cool: Man sitzt auf Sesseln, die mit Elektronik vollgestopft sind, sich schräg legen, vibrieren, Luft blasen, und wenn schließlich der sabbernde Esel auftaucht, fliegen einem von irgendwoher Tropfen ins Gesicht.

Wer sich ein wenig mehr für Film interessiert, kann in den Universal Studios auch die Studiotour buchen. Dort fährt man vorbei an den eigentlichen Studios, an einem zerborstenen Passagierflugzeug aus »Krieg der Welten« oder an einer gigantischen blauen Wand, die für die Blue-Screen-Technik verwendet wird, mit deren Hilfe man die gefilmte Aktion vor jedem erdenklichen, später hinzugerechneten Hintergrund stattfinden lassen kann. Beides fiel mir schon beim zuvor beschriebenen Helikopterflug ins Auge. Die Wisteria Lane werden Fans der Serie »Desperate Housewives« wiedererkennen, und das Horror-Motel aus »Psycho« steht auch noch da. Es gibt eine Show, in der Stuntmen ein paar Tricks verraten, und manchmal kann man einen Blick erhaschen in eine der riesigen Studiohallen, in denen ganze Welten ab- oder aufgebaut werden. Wenn man möchte, kann man mit kostenlosen Tickets, die verteilt werden, als Zuschauer an einer der täglich produzierten Fernsehshows teilnehmen. Wir hatten dazu keine Lust, wir waren auch so schon glücklich und erschöpft von diesem Besuch.

Und dann kommt irgendwann das Alter, in dem die kleinen harten Jungs lieber unter sich sein wollen. Ausflüge mit den Eltern sind ganz schrecklich peinlich, und man nimmt nur noch mit dem entsprechenden Gesichtsausdruck daran teil. Aber auch für diese Phase hat Los Angeles einen besonderen Eisbrecher zu bieten. Lauter, schneller, höher im wahrsten Sinne. Fährt man die Interstate 5 etwa dreißig Meilen in Richtung Norden, erreicht man *Six Flags Magic Mountain*. Ein Park mit den wildesten Achterbahnen, die man sich vorstellen kann. Inzwischen sind es achtzehn. Im Frühjahr 2013 kam zu den Geschwindigkeits-, Strecken- und Zeitrekorden noch einer dazu: der höchste Looping der Welt mit 49 Metern Durchmesser, der sowohl innen als auch außen befahren wird. Außerdem gibt es Fahrzeuge, in denen man nicht sitzt, sondern hängt und die Beine bodenlos baumeln lässt, und andere, die sich zu dem ganzen Wahnsinn noch kopfüber und 360 Grad um die eigene Achse drehen.

Nichts für mich. Aber die Jungs waren im Rausch. Ich habe mir den Luxus geleistet, einen *Flash Pass* für jeden zu kaufen, der zwar mehr kostet als der reguläre Eintritt, aber dafür mussten Ben und Linus sich nicht an den Schlangen anstellen. Es gab kaum nervende Wartezeiten, sie konnten gleich noch mal fahren, wenn sie wollten. Und wie sie wollten! Der abendliche Rückweg auf dem Highway muss sich für die beiden angefühlt haben wie die Fahrt in einem landwirtschaftlichen Nutzfahrzeug.

Wer Promis in freier Wildbahn sehen will, muss früh raus, braucht gute Schuhe und muss sich anstrengen. Hollywoods Runyon Canyon Park hat eine sehr beliebte Laufstrecke. Nicht nur Scarlett Johansson, Sean Penn und Owen Wilson wurden gesehen, auch Jessica Biel rennt dort regelmäßig mit ihrem Hund. (Stars erkennt man meistens daran, dass sie nicht erkannt werden wollen.) Die Runde ist nur fünf Kilometer lang, aber man muss einen Höhenunterschied von 200 Metern zurücklegen, und das sorgt dafür, dass die Herzmuskeln ihr Training bekommen. Als ich die Strecke selbst ausprobiere, vergeht mir ziemlich bald mein ohnehin mäßiges Interesse an bekannten Gesichtern, da ich auf jeden Schritt achten muss. Der letzte Regen hat tiefe Furchen in den Lehm gefressen. Kardio hab ich mal nötig, denke ich und ziehe, bevor ich oben ankomme, das Tempo noch ein wenig an. Plötzlich laufe ich wie gegen eine Wand. Der Ausblick verschlägt mir meinen kurzen Atem. Das ist noch extremer als der Blick vom Mulholland Drive oder dem Griffith Observatory. Unter mir liegt das Flächenraster der Stadt. Aber genau so, dass die Straßen nach Süden vom Betrachtungsstandpunkt wegführen. Es fühlt sich an, als würden die Längslinien meinen Geist in die Ferne, Richtung Meer, ziehen, aber die rechtwinkeligen Querlinien der Straßen von West nach Ost stellen sich dagegen und verhindern, dass ich abhebe.

Vielleicht steht deshalb diese überdimensionale Parkbank hier. Bleib auf dem Teppich. Setz dich und verweile!

Den Weg hinunter bestimmen Gedanken wie: Bremsen! Nicht gehen lassen! Nicht gut für die Knie …

Kurz fällt mein Blick auf ein Pärchen. Ein unglaublich gut gebauter Mann neben einer langhaarigen Frau mit großen Lippen und Sonnenbrille. Bestimmt berühmt. Er macht Dehnübungen mit ihr. Sicher der Bodyguard oder ihr persönlicher Fitnesscoach, denke ich und muss mich wieder auf meine Schritte konzentrieren. Am Auto angekommen, freue ich mich, dass ich keinen Strafzettel habe. Erst auf dem Weg nach Hause kommt mir die Frau wieder in den Sinn. Sehr bekannt, das weiß ich, aber so aus dem Kontext gelöst... Wer war sie? Ich komm nicht drauf. Ach, egal!

Wesentlich unspektakulärer, was die Besucher, aber wilder, was Flora und Fauna betrifft, sind der Coldwater Canyon Park und der Franklin Canyon Park. Sie liegen links und rechts vom Coldwater Canyon Drive, der über die Berge führt, die Beverly Hills und das Valley voneinander trennen. Wunderschöne Lauf- und Wanderstrecken, die teilweise um ein Wasserreservoir herum führen. Es riecht nach Rosmarin, Feigen und wildem Jasmin, und man glaubte sich in der tiefsten Toskana, wären da nicht die Kolibris. Die Wege sind sehr gut ausgeschildert, zudem kann man sich Laufrouten in verschiedenen Schwierigkeitsgraden auswählen.

Sehr früh morgens geht man vielleicht besser nicht allein. Es werden von Zeit zu Zeit Berglöwen gesichtet. Aber keine Sorge, auch die Kojoten in Kalifornien sind an sich keine angriffslustigen Tiere. Nur mit zu kleinen, zu niedlichen Hündchen sollte man dort eher nicht spazieren gehen. Der Ausflug lässt sich gut verbinden mit einer Fahrt entlang des Mulholland Drive, der sich zwischen diesen beiden Canyon Parks hindurchschlängelt.

Man hat Los Angeles nicht gesehen, ohne hier oben gewesen zu sein. Der Mulholland Drive windet sich in etwa parallel zum Grat der Santa Monica Mountains und der Hollywood Hills und bietet zwischen dem San Diego Freeway und dem Highway 101 spektakuläre Aussichtspunkte zu beiden Seiten. Man sieht das Los-Angeles-Becken, San Fernando Valley, das riesige Amphitheater der Hollywood Bowl, Downtown, das Hollywood Sign, und bei klarer Luft kann man sogar über den Ozean bis zur Catalina Island gucken. Am besten fährt man die engen Kurven in einem offenen Cabriolet und in netter Begleitung. Es geht vorbei an auf Stelzen stehenden Glashäusern und anderen architektonischen Abenteuern, man fährt durch Duftwolken von Jasmin und muss sich immer wieder auf die Straße konzentrieren, weil die Aussicht hin- und wegreißend ist. Was einen tagsüber (nach dem morgendlichen und vor dem abendlichen Berufsverkehr!) so herrlich euphorisiert, macht einen bei Sonnenuntergang und vor allem nachts dann nur noch still und glücklich. Pure Magie. Ich erkenne wieder, wovon ich träume.

Das Funkeln der Sterne geht nahtlos über in das Brillieren der Stadt, und selbst wenn man Los Angeles nicht mag, öffnet dieser Anblick den Geist und macht trunken.

Das Wasser und die grünen Piraten

»Mittwoch, 2. August 1769: Wir machten uns in der Früh aus dem Tal auf und folgten der gleichen Ebene in Richtung Westen. Nachdem wir etwa anderthalb Seemeilen einen Pass durch niedrige Hügel überquerten, tat sich vor uns ein weitläufiges Tal auf. Durch Pappeln und Erlen floss ein schöner Fluss von Nord-Nordwest (der Los-Angeles-Fluss), der seinen Lauf vor steilen Hügeln verdoppelte und sich dahinter nach Süden weiterzog. Richtung Nord-Nordost gibt es einen weiteren Fluss (den Arroyo Seco) mit einem weiten, aber ausgetrockneten Flussbett. Diese beiden Flüsse treffen aufeinander, und die vielen am Ufer liegenden Baumstämme waren ein deutlicher Hinweis auf große Überschwemmungen in der Regenzeit. Wir machten in der Nähe des Flusses halt, den wir Porciuncula nannten. Hier spürten wir im Laufe des Nachmittags und Abends drei aufeinanderfolgende Erdbeben. Heute sind wir ungefähr drei Seemeilen gereist.

Dieses Tal, durch das der Fluss läuft, ist sehr ausgedehnt, es hat fruchtbaren Boden für alle möglichen Arten von Getreide und Saatgut und ist von allem, was wir bislang gesehen haben, am besten geeignet für eine Mission. Es hat alle Voraussetzungen für eine große Siedlung.«

Wie groß diese Siedlung später tatsächlich werden sollte, konnte der Franziskanermönch Juan Crespi noch nicht erahnen, als er diese älteste schriftliche Schilderung des Los Angeles River in sein Tagebuch schrieb. Crespi gehörte einem Expeditionstrupp an, der von dem Spanier Gaspar de Portolà geführt wurde; die Männer waren die ersten Fremden, die Südkalifornien erreichten. Weiter schreibt er:

»Beide Flussbetten sind üppig mit Platanen, Weiden, Pappeln und sehr großen Eichen gesäumt … Sobald wir ankamen, besuchten uns acht Heiden aus einem Dorf. Sie leben hier an diesem schönen Platz unter den Bäumen am Fluss. Sie schenkten uns einige Körbe mit Pinole aus Salbei- und Grassamen. Ihr Anführer brachte einige Perlenketten aus Muscheln und gab sie uns. Einige der alten Männer rauchten Pfeifen aus gebranntem Ton und bliesen uns dreimal mit diesem Rauch an. Wir gaben ihnen ein wenig Tabak und Glasperlen, und sie zogen zufrieden von dannen.«

Bei den alten Männern handelte es sich um Angehörige des Tongva-Stammes. Das Camp, das die Truppe aufschlug, lag ungefähr ein bis zwei Meilen nördlich von der Stelle, an der sich zwölf Jahre später die ersten zwölf Familien − 44 Männer, Frauen und Kinder − niederließen. Gouverneur Felipe de Neve nannte diesen Flecken *El Pueblo de Nuestra Señora la Reina de Los Ángeles de Porciuncula*. Das Dorf Unserer Lieben Frau, Königin der Engel des Flusses Porciuncula. Experten haben inzwischen nachgewiesen, dass der Name nur *El Pueblo de la Reina de Los Ángeles* lautete, also: das Dorf der Königin der Engel. Obwohl der Fluss bei dieser Bezeichnung herausfällt, war er doch der Grund für die Entstehung der Siedlung. Ohne ihn würde Los Angeles nicht existieren.

Der Fluss hatte immer schon zwei sehr unterschiedliche Gesichter.

Während der trockenen Periode mäanderte er friedlich und berechenbar durch das sandige Tal und nährte die Eingeborenen der Tongva- und Chumash-Stämme. Diese Indianer hatten mobile Dörfer. Wenn in den Wintermonaten der Fluss seine zerstörerische Kraft zeigte, zogen sie sich in höhergelegene Regionen zurück, da das flache Flussbett im Winter die Niederschläge nicht halten konnte, die von den Bergketten ins Tal strömten und fast die ganze Ebene überfluteten. Nach besonders starken Winterstürmen grub sich der Fluss immer wieder neue Flussläufe auf seinem Weg in den Pazifik und veränderte so im Laufe der Jahre mehrmals seinen Lauf.

Und je mehr Menschen sich ansiedelten, desto stärker wurden die Bemühungen, den L. A. River und den St. Gabriel River in kontrollierbare Bahnen zu zwingen. Immer mehr Menschen waren von der einzigen und im Sommer kaum ergiebigen Wasserquelle abhängig. 120 Jahre später, um 1900, war aus dem kleinen Dorf eine Stadt mit 100 000 Einwohnern geworden, deren rasanter Wuchs dadurch stagnierte, dass für mehr Menschen einfach das Wasser nicht reichte.

Der damalige Bürgermeister Fred Eaton und der Leiter der Abteilung Wasser und Energie, William Mulholland, heckten einen dreisten Plan aus, um Los Angeles wachsen und blühen zu lassen: Das Wasser sollte aus dem 300 Kilometer entfernten Owens River nach Los Angeles geleitet werden!

Für die am Owens River lebenden Farmer war wohl kaum vorstellbar, dass sie irgendwann mit dem an ihren Grundstücken vorbeifließenden Wasser ihre Felder nicht mehr würden bewässern dürfen, und so verkauften sie der Stadt Los Angeles leichtgläubig ihre Wasserrechte. Mulholland täuschte derweil in L.A. die öffentliche Meinung, indem er die Wassernot der Stadt dramatisch übertrieb. Den Anwohnern des Tals machte er weis, das Wasser werde in der Stadt lediglich für die Haushalte gebraucht und nicht zur Bewässerung von Land.

Den letzten störrischen Farmern bot die Stadt so viel Geld, dass die armen Bauern nicht widerstehen konnten. Der Bau der Wasserleitung für Los Angeles konnte beginnen. Den Einwohnern von L.A. wurde das Projekt als lebensnotwendig für das Wachstum der Stadt verkauft. Was ihnen verschwiegen wurde, war, dass das Wasser hauptsächlich zur Bewässerung des San Fernando Valley benutzt wurde, das damals noch nicht zu L.A. gehörte. Freunde des Bürgermeisters hatten mit diesem Insiderwissen das wertlose Land zuvor günstig aufgekauft und konnten nun riesige Gewinne einfahren. Unter ihnen war Harrison Gray Otis, Verleger der Los Angeles Times, der mit angstschürenden Artikeln die öffentliche Haltung dahingehend manipulierte, dass am Ende die meisten Bewohner der Stadt das Bauvorhaben für überlebensnotwendig hielten.

Ab dem Jahr 1908 bauten über 5000 Arbeiter an dem 359 Kilometer langen Aquädukt, gruben 164 Tunnel und beendeten das Projekt 1913. Eingeweiht wurde es von Mulholland mit den Worten: »*There it is. Take it.*«

Während Bürgermeister Eaton und Mulholland den Farmern im Owens Valley durch Schikanierung und Täuschung beharrlich weiter ihre Wasserrechte abtrotzten, entwickelte sich ein verzweifelter Widerstand. Bewaffnete Rancher öffneten eine Schleuse und leiteten vier Tage lang das Wasser zurück in den Owens-See, was zur Folge hatte, dass die Wasserpreise in Los Angeles anstiegen. Nachdem 1927 Unbekannte Teile des Aquädukts mit Dynamit in die Luft sprengten, begegnete man jedem aufkeimendem Protest mit Härte. 600 schwer bewaffnete Polizisten bewachten rund um die Uhr die in Flutlicht getauchten Anlagen. Mulholland kommentierte die Ereignisse, indem er erklärte, er bedauere den Verlust so vieler Obstbäume im Tal, weil es nun nicht mehr genug gäbe, um die dort lebenden Unruhestifter zu hängen. Los Angeles verbrauchte inzwischen neunzig Prozent des Wassers im Owens Valley – der See trocknete aus, die Landwirtschaft kam völlig zum Erliegen, und die Bewohner mussten das Tal verlassen.

Los Angeles teilte den neuen Wasserluxus mit seinen Nachbarbezirken unter der Bedingung, dass sie einer Eingliederung in die Stadt zustimmten. Allein durch die Aufnahme des San Fernando Valley verdoppelte Los Angeles seine Fläche. Das Wachstum der Stadt war noch rasanter, als Mulholland vorhergesagt hatte, und der Durst wurde immer größer. Man baute eine zweite Pipeline ins Owens-Tal, um an tiefer gelegenes Grundwasser zu gelangen. Nach Rechtsstreitigkeiten, die noch bis vor Kurzem andauerten, wurde L. A. im Jahr 2006 per Gerichtsbeschluss schließlich verpflichtet, eine Wassermenge von fünf Prozent (!) im Owens River verbleiben zu lassen. Sehr schön dargestellt werden die Ereignisse um den damaligen Bau des Aquädukts und den Betrug an den Farmern übrigens in Polanskis großartigem »Chinatown«.

Heute werden die über zehn Millionen Einwohner des Großraumes Los Angeles von drei großen Hauptaquädukten versorgt: den beiden Los Angeles-Aquädukten aus dem Owens Valley beziehungsweise dem südlichen Owens Valley (359 und 220 Kilometer lang), dem Colorado River-Aquädukt aus dem Colorado, der die Grenze zu Arizona bildet (1939 fertiggestellt, 389 Kilometer lang) und dem California-Aquädukt aus dem Sacramento-San Joaquin Flussdelta östlich von San Francisco (715 Kilometer lang).

Um Wasser über solche Entfernungen nach Los Angeles zu pumpen, werden zwanzig Prozent des Energie-Gesamtverbrauchs der Stadt benötigt.

Angesichts der plötzlich verfügbaren Menge an Wasser wäre der Los Angeles River im Laufe der Jahre bedeutungslos geworden, hätte er nicht regelmäßig mit seinem gefährlichen Wintergesicht auf sich aufmerksam gemacht. Immer wieder überflutete er im Winter weite Teile der Stadt und forderte Menschenleben. Nach lang anhaltenden Winterstürmen und heftigen Niederschlägen traf es die Stadt 1914 und 1934 und noch einmal 1938 mit verheerender Wucht:

Nach einem viertägigen Regen setzte eine der schrecklichsten Überschwemmungen der Geschichte ein. Der

Fluss trat aus seinem Bett, bahnte sich immer wieder neue Wege auf dem Weg zum Meer und verursachte zusätzlich zu der Überschwemmung verheerende Erdrutsche. 5601 Häuser wurden zerstört, 1500 beschädigt. 115 Menschen verloren in den Fluten ihr Leben. 437 Quadratkilometer wurden überflutet, was damals einem Drittel der Stadt gleichkam. Die Öffentlichkeit forderte adäquate Schutzmaßnahmen, schnell wurde das entsprechende Geld bewilligt, und wenige Monate später begann die U.S.-Armee, den Fluss zu kanalisieren. Das Flussbett wurde vertieft und verbreitert, Seiten und Boden zubetoniert, Kurven des Flusslaufes begradigt und jede Vegetation entfernt. (Für Zahlenfreunde: In den zwanzig Jahren bis zum Bauabschluss wurden 15 293 836 Kubikmeter Erde bewegt, 417 341 649 Liter Zement verbaut, 447 Kilometer des L. A. River, des Ballona Creek und des San Gabriel River samt ihrer Zuflüsse reguliert und 300 Bücken errichtet. Nur siebzehn Prozent des Flussbettes sind nicht mit Beton versiegelt.)

Heute läuft das Wasser aus den San Gabriel-Bergen in einem fast direkten und geraden Weg durch den Flusslauf ins Meer. Straßen und Abwassersysteme sind so konzipiert, dass alles, so schnell es geht, in den L. A. River läuft und von dort so viel Wasser wie möglich in kürzester Zeit aus der Stadt gespült wird.

Seit der letzten Eiszeit bildete sich der L. A. River eigentlich nur, wenn es in der Regenzeit ein Zuviel an Wasser gab. Die meiste Zeit des Jahres versickerte das Wasser im Boden und bildete kleine Teiche und Tümpel. Das Los Angeles-Tal war ein Feuchtgebiet. Was nun aber seit knapp hundert Jahren dazukommt, ist, dass es durch den Bauboom keine freien Flächen mehr gibt. Man muss nicht im Helikopter über die Stadt fliegen, um zu erkennen, dass es kaum Parkanlagen gibt und zwischen Straßen, Parkplätzen, Dach- und Hausflächen so gut wie keine Erde durchschimmert, in die das Regenwasser einsinken könnte. Der Boden ist nahezu versiegelt, und so fließen bis zu achtzig Prozent des kostbaren Regenwassers über diese harten Oberflächen, befreien sie von Ölspuren, Feinstaub, Rasendünger, Benzin und Tierkot und laufen durch Tausende von Gullis in den Fluss ab, bevor sie schließlich als Giftbrühe bei Long Beach in den Pazifik gespült werden.

Bei uns »regenverwöhnten« Deutschen stößt es immer auf große Verwunderung, wenn in L.A. bei dem ersten kleinen Schauer der Verkehr fast so zum Erliegen kommt, als hätte man es mit Blitzeis zu tun. Aber tatsächlich verwandeln sich die Rinnsteine schnell in kleine reißende Bäche, als wären die Gullys verstopft oder das Abwassersystem überfordert. Man kann sich Los Angeles als einen riesigen, aber sehr flachen Trichter vorstellen: Die Wassermenge, die an verschiedenen Stellen in geringer Menge aufgefangen wird, summiert sich im Zentrum zu einer schwer kontrollierbaren Kraft. Mit den Jahren verwandelte sich der L.A. River im Grunde in einen Abwasserhochgeschwindigkeitskanal, und die Bewohner blendeten ihn weitestgehend aus. Der Fluss wurde zum Niemandsland und Müllabladeplatz. Treffpunkt für halbwüchsige Graffiti-Sprayer, Drehort für Endzeitfilme, Freifläche für Schienen und Oberlandleitungen, Schlafplatz für Obdachlose. Fast nachvollziehbar, dass einige Abgeordnete der Stadt vorschlugen, den Fluss gänzlich zu begraben, unter einer Autobahn für Lkws.

Glücklicherweise gründete kurz zuvor der Schriftsteller Lewis MacAdams die Organisation *Friends of L. A. River* (FoLAR), mit deren Hilfe es ihm gelang, dieses Vorhaben zu verhindern. FoLAR organisierte sogenannte *River Clean-Ups*, einen Fluss-Putz, bei dem Freiwillige den Flusslauf von Müll und Schutt befreiten. 1986 meldeten sich dreißig Freiwillige, 2012 waren es 3000 Menschen, die an 22 unterschiedlichen Stellen des Flusses insgesamt 22 Tonnen Müll aus dem Wasser zogen.

Man mag MacAdams Idee, den Fluss in seinen ursprünglichen Zustand zurückzuversetzen, für eine spinnerte Ökophantasie halten, aber was er und seine Förderer inzwischen für Etappensiege erzielt haben, ist kaum zu glauben: Der Gemeinderat plante, die letzten fünfzehn Kilometer des Flusses mit bis zu 2,5 Meter hohen Mauern zu umgeben, um noch besseren Hochwasserschutz zu gewährleisten. FoLARs Bemühungen führten dazu, dass diese Pläne verworfen wurden und stattdessen ein Stadtrat für das Wassereinzugsgebiet Los Angeles River und San Gabriel River gegründet wurde. Ein Gremium, das sich ausschließlich um Wohl und Zukunft der beiden Flüsse bemüht.

In Zusammenarbeit mit anderen Bürgerinitiativen gelang es FoLAR, die Errichtung von Parkanlagen durchzusetzen. Zwischen Chinatown und dem L. A. River gibt es anstatt der geplanten Kaufhäuser nun einen zwölf Hektar großen Gemeindepark, und nördlich vom Dodger Stadium befindet sich der neunzig Hektar große Rio de Los Angeles State Park, ein ehemaliges Eisenbahngelände mit mehr als drei Kilometern grüner Flussböschung. Das klingt nach jahrelangen zermürbenden Kleinkriegen, ist tatsächlich aber eine große Sache. Wenn riesige Konzerne

Interesse an einem Stück Land anmelden und FoLAR es schafft, den Verkauf durch Klagen und attraktive Alternativmodelle zu verhindern, dann ist das nicht bloß wie der Sieg Davids gegen Goliath, sondern fast schon wie der Ausbruch von Morpheus und Neo aus der Matrix. Zumal stattdessen eine Parkanlage gebaut wurde!

Dass der Los Angeles River langsam wieder präsent in den Köpfen der Angelenos wird, liegt an den beliebten Ausflügen, die FoLAR in Kooperation mit der Organisation *Hidden L. A.* organisiert, ihren pädagogischen Programmen an verschiedenen Schulen und auch an den immer beliebteren Fahrradwegen entlang der Ufer (Ziel ist, eines Tages die 84 Kilometer lange Strecke von Canoga Park bis nach Long Beach durchgehend mit Fahrradwegen auszustatten).

Die größte Aufmerksamkeit aber erzielten Berichte über illegale Kanufahrten auf dem L. A. River. Diese Fahrten waren keinesfalls Spaßaktionen durchgedrehter Halbstarker, sondern ganz im Gegenteil: das *Army Corps of Engineers* drohte dem L. A. River den Todesstoß zu versetzen, indem es ihm keinen Status als Fluss verleihen wollte. Selbst die Bezeichnung »Fluss« wäre von den Landkarten verschwunden. Der Journalist und Aktivist George Wolfe organisierte daraufhin 2008 eine illegale Kajaktour, um zu beweisen, dass der Fluss über seine volle Länge navigierbar sei und es sich somit nicht um einen Abwasser- und Hochwasserschutzkanal handele, sondern um einen traditionell schiffbaren Wasserweg. Irgendwie gelang es ihm, mit seinem Kajak selbst durch schmalste Dreckrinnen des Flusskanals zu fahren. Zwei Jahre später wurde dem L. A. River die Bezeichnung »Fluss« zuerkannt. Und hierbei handelt es sich um weit mehr als bürokratische Haarspalterei: Laut Gesetzgeber muss diese Bedingung erfüllt sein, damit das strenge nationale Wasserschutzgesetz greift, das maßgeblichen Einfluss hat auf Baugenehmigungen und Umweltschutzauflagen im gesamten Tal.

Die nächsten Touren von George Wolfe wurden begleitet von Bloggern, Fotografen und Reportern, und die anschließend veröffentlichten Artikel wurden zum Augenöffner. Der Öffentlichkeit wurde klar, welches Potenzial für Erholung und Umwelt da durch ihre Stadt fließt. Die nun legalen und behördlich organisierten Kajak- und Kanutouren können sich vor Anmeldungen kaum retten. Es gibt zwei Organisationen (*Paddle the River* und *L. A. River Expeditions*), die täglich Fahrten anbieten, für die man sich aber frühzeitig anmelden sollte.

Die Erfolgsmeldungen sollen nicht darüber hinwegtäuschen, dass weite Strecken des Flusses nach wie vor als Kloake und Schrottplatz dahinvegetieren und die schmalen in den Boden eingelassenen Abflussrinnen mit giftiger Dreckpampe gefüllt sind. Es ist in diesem Zusammenhang wohl der größte Erfolg von FoLAR und den anderen Initiativen, der Stadt bewusst gemacht zu haben, dass sie eine Wunde hat und allmählich mit der Pflege und Heilung beginnen muss.

Eine weitere wichtige Non-Profit-Organisation sind die *TreePeople*, die seit mehr als dreißig Jahren dafür kämpfen, dass die Stadt grüner wird und man über die drängenden Umweltprobleme nicht bloß tatenlos nachdenkt. Wenn Gebäude, Straßen und Parkhäuser eine Bepflanzung flächendeckend unmöglich machen, was lässt sich dann tun, um die Stadt trotzdem zu begrünen und das Regenwasser vielleicht aufzufangen? Die TreePeople nehmen sich die Bäume zum Vorbild und untersuchen, welche Technologien sich anwenden lassen, um die Feuchtigkeitsspeicher eines Waldes zu kopieren.

TreePeople ermutigt die Gemeinden, diese neuen Technologien auch zur Anwendung zu bringen. Es werden Parkanlagen mit unterirdischen Zisternen gebaut sowie Bodenmulden, die zu Tümpeln werden können. Böden werden mit Mulch angereichert, um ihre Speicherkapazität zu erhöhen. Hausbesitzer werden ermutigt, Sickeranlagen zu bauen oder zumindest Regentonnen aufzustellen. Da es keinen Bodenfrost gibt, lassen die Straßen sich perforieren oder zumindest so asphaltieren, dass das Wasser einsickern kann. Neunzig Prozent der Schulhöfe sind mit Asphalt bedeckt. TreePeople überzeugte den Schulverband, Gelder zu sammeln und die Höfe zu begrünen, statt sie neu zu asphaltieren. Das Campus-Begrünungsprogramm sieht vor, dass 185 Hektar Asphalt in Grünanlagen verwandeln werden. TreePeople kooperiert mit einzelnen Schulen, und gemeinsam mit den Lehrern und Schülern werden trostlose Pausenhöfe in kühle Oasen mit unterirdischen Zisternen verwandelt, die belebt und beliebt sind und gleichzeitig das Grundwasser anreichern. Die Schüler identifizieren sich mit ihrem Projekt und entwickeln Verantwortung für die Umgebung, in der sie leben.

In dem 2008 von den TreePeople eröffneten Center für Gemeinde-Forstwirtschaft wird veranschaulicht, wie Bäume, Menschen und Technik zu einer dauerhaften grünen Stadt beitragen. Entstanden ist eine wunderschöne Parkanlage am Eingang zum Coldwater Canyon Park in Beverly Hills. In deren Konferenzzentrum werden Vorträge für Gemeinderäte, Gartenbesitzer, Umweltschützer und Schulklassen gehalten. Seminare zur Baumpflanzung und -pflege werden angeboten, aber auch Volontäre ausgebildet, deren Ziel es zum Beispiel ist, Gebiete wieder zu beleben und zu bepflanzen, die von den jährlichen Waldbränden so schwer betroffen sind, dass sie sich nicht von selbst regenerieren können. Die Waldbrände treten nicht öfter auf als früher, sind aber sehr viel aggressiver, was tatsächlich auf genau die Faktoren zurückzuführen ist, die TreePeople zu bekämpfen versucht: globale Erwärmung, Austrocknung der Böden durch falsche Abwassersysteme, mangelhafte Bepflanzung. Die schnell wachsenden Bäume und Palmen rings um die Villen auf den Hügeln brennen nicht, sie explodieren geradezu. Wenn dann noch die berüchtigten Santa-Ana-Winde einsetzen, entstehen verheerende Funkenstürme. Feuerresistente Gräser und Bäume könnten die schnelle Ausbreitung der Brände zumindest verzögern. 2009 und 2010 wurden von Freiwilligen mehr als 7500 Baumsetzlinge gepflanzt.

Bill Pullman ist vielleicht kein Hollywoodstar, aber man erinnert sich an sein Gesicht aus Filmen wie »Spaceballs«, »Singles«, »Schlaflos in Seattle«, »Independence Day« und vielen mehr. Cineasten kennen ihn aus Wim Wenders'»Am Ende der Gewalt« und aus »Lost Highway« von David Lynch. Bill Pullman lebt nahe den berühmten Buchstaben in den Hollywood Hills und leitet das Projekt *Hollywood Orchard*, Hollywood-Obstgarten. Zwar klingt das zunächst etwas nach Schrebergarten und Erntedankgrillfest; das eigentliche Ziel ist jedoch, das Wissen über lokalen Obstanbau und Obstverarbeitung zu vertiefen und so Gemeinschaft, tiefere Verbindung und Identität zu erzeugen.

In Hollywood leben zwischen dem Griffith Park und dem 101 Freeway ungefähr 14 000 Menschen. Meistens kennt man nur zwei, drei Nachbarn, die anderen vom Zunicken beim Vorbeifahren oder Joggen.

Es scheinen mehrere Bedürfnisse zusammenzutreffen: die Sehnsucht nach Begegnung, die über Straßenfeste, Musik-Festivals und Halloween-Partys hinausgeht, und das Verlangen, anzupacken und etwas zu schaffen, das Bestand hat. Man will nicht länger nur sich selbst, sondern die Welt bereichern. Die meisten Nachbarn, die Pullman auf seinem Grundstück um sich versammelt, arbeiten in der Unterhaltungsindustrie, sind Schauspieler, Autoren, Regisseure, Agenten, und sie nutzen die regelmäßigen Treffen, um sich mit dem Ort, an dem sie leben, und den Menschen dort tiefer zu verbinden.

Man gräbt um, sägt, kompostiert, lernt Bewässerungstechniken, pflanzt, pflegt, pflückt, konserviert und verarbeitet. Die Bäume werden abgeerntet und die Früchte in improvisierte Küchen gebracht, wo man sie gemeinsam zubereitet oder konserviert und verkauft. In den letzten sechs Monaten haben die Nachbarn um Bill Pullman über 1800 Kilogramm Früchte aus ihren Gärten geerntet, selbst verarbeitet und an ihre Spender und Förderer verschenkt. In Los Angeles wächst so ziemlich alles, was man sich vorstellen kann: nicht nur Grapefruits, Orangen, Limonen, mehrere Zitronenarten, auch Äpfel, Pfirsiche, Aprikosen, Pflaumen, Feigen und vor allem Avocados und Loquats (Nisperos oder japanische Wollmispeln). Man versteht sich als eine Bewegung, von der man glaubt, dass sie Nachahmer finden und sich ausbreiten könnte.

Ein Gegenmodell zu dem kommerziellen Leben, das die Lebensmittel- und Unterhaltungsindustrie fest im Griff zu haben scheint.

Los Angeles ist bereit, Los Angeles ist im Umbruch. Das ist die Stadt im Grunde seit 200 Jahren, aber diesmal nimmt die Veränderung eine andere Richtung. Die Stadt verwandelt nicht ihre Form, sondern den Inhalt. Die Steigerung der Lebensqualität war schon immer das Hauptziel: Jeder wollte sein eigenes Haus, mindestens ein eigenes Auto, sein eigenes billiges Personal. Heute gibt es keine freie Fläche mehr, die Stadt erstickt an Autos, und die Flut von billigen Arbeitern aus Mexiko macht aus den weißen Angelenos eine Minderheit. Die Stadt beginnt nach oben zu wachsen und nach innen. Sie füllt sich. Diesmal jedoch nicht ausschließlich mit noch mehr Autos oder Menschen, sondern auch mit Bewusstsein für die sie umgebende Welt, die Natur und die Mitmenschen. Es entsteht allmählich so etwas wie eine Identifizierung der Angelenos mit ihrer Stadt. Immer mehr kleine warme Kieze entstehen, mit Cafés, in denen man lange sitzen kann, ohne befürchten zu müssen, dass der Kellner gleich kassieren will, mit Straßen, die zum Flanieren oder Fahrradfahren ermuntern. Ein lange fälliges Savoir-vivre, das immer mehr Stadtvierteln Persönlichkeit verleiht und zum Verweilen einlädt.

Ich will zum Film

» The city is big – the image is small. Movies are vertical (at least when they are projected on a screen) – the city is horizontal, except for what they call downtown. Maybe that's why movies love downtown more than we do.«

(Aus »Los Angeles Plays Itself«, einem Video-Essay von Thom Andersen, der die Geschichte der Stadt und des Films erzählt und gänzlich aus Bildmaterial von über 200 Filmen zusammengeschnitten ist)

Diese Stadt ist ein dynamischer Prozess, den man der Einfachheit halber Los Angeles nennt. Wollte man ein Foto von der Stadt machen, müsste es unscharf sein, weil sie immer in Bewegung ist. Vielleicht ist dies einer der vielen Gründe, warum hier bewegte Bilder gemacht werden: Filme. Die Filmindustrie ist der größte Arbeitgeber in Los Angeles, aber die wenigsten wissen, was für eine riesige Maschinerie hinter dem steht, was am Ende des Produktionsprozesses als Werbeclip, Kino- oder Fernsehfilm sichtbar wird.

Riesige Produktionsabteilungen sind mit nichts anderem als der Stoffentwicklung oder dem Erwerb von Drehbuchrechten beschäftigt. Es gibt kaum einen Film, der nur noch von einem Autor geschrieben wird. Der eine ist spezialisiert auf Exposés, ein anderer auf Dialoge, auf Dramaturgie, auf den Feinschliff oder das Transponieren einer Romanvorlage in ein Drehbuch. Ein Heer von Schauspielern und Models wird von einem Heer von Managern, Agenten, Coachs und Casting-Agenten betreut und verwaltet. Es gibt Tausende Firmen, die Kameras, Sound-Equipment, Licht, Make-up-Busse und Wohnwagen für die Schauspieler vermieten. Man braucht Blocker, die die Straßen freihalten, Spezialeffekte, Stuntmen und Catering. Ebenfalls für unzählige Arbeitsplätze sorgt der gigantische Apparat der Postproduktion, in der das Material geschnitten wird, Licht und Farben korrigiert werden, der Film einen Look bekommt. Nicht zu vergessen die Filmversicherungen und Rechtsabteilungen, die vor denen schützen, die versuchen, ihr Geld mit dubiosen Klagen zu verdienen. Verkäufer von Filmrechten sorgen für die Zweit- und Drittverwertung von Filmen. Und nicht zuletzt gibt es eine riesige Marketingmaschinerie, die dafür sorgen soll, dass man einen Film nicht einfach nur sehen möchte, sondern meint, ihn aus einem tiefen Grundbedürfnis heraus erleben zu müssen.

Als mein Sohn ein Auslandsjahr an einer Schule in Argentinien verbrachte, fiel es mir plötzlich sehr viel leichter, ebenfalls für längere Zeit ins Ausland zu gehen. Ich wollte aber nicht wie bisher einfach nur reisen, sondern den Auslandsaufenthalt mit einem Projekt oder Studium verbinden. Also entschloss ich mich, ein Drehbuch-Aufbaustudium zu beginnen. Aber wo? Über deutsche Erdenschwere verfüge ich ausreichend, ich fand, ein Komplementärkontrast täte mir gut. Also großes kommerzielles Unterhaltungskino. Aus Sprachgründen fiel die Entscheidung gegen Bollywood. Blieben London, New York oder Los Angeles. Das Zünglein an der Waage war, ich gebe es zu, das Wetter. Die Vorstellung, dem Berliner Winter zu entkommen und vielleicht zwischen den Vorlesungen surfen gehen zu können, verursachte mir aufgeregtes Herzklopfen, und das Angebot, bei Cornelia Funke wohnen zu dürfen, erübrigte jedes Zögern.

Der erste Tag an der *University of California Los Angeles* (UCLA) begann damit, dass jeder sich und einen seiner Lieblingsfilme *pitchen*, also kurz vorstellen, sollte. Etwas Bekanntes, aber Ungewöhnliches sollte es sein, und so entschied ich mich für Patrice Chéreau's »Intimacy«. Immerhin war der Film für den Europäischen Filmpreis nominiert gewesen und hatte den Goldenen Bären in Berlin gewonnen. Weder die Dozentin noch die Kommilitonen hatten allerdings je davon gehört.

Mein Englisch ist zwar gut, aber doch nicht so, dass ich vor Publikum aus dem Stegreif einen packenden Kurzvortrag halten kann, und vor lauter Aufregung merkte ich zu spät, dass ich mitten dabei war, eine intime Sexbeziehung zu beschreiben. Mein Gestammel wurde immer schlimmer. Ein Mann und eine Frau treffen sich regelmäßig, um miteinander zu schlafen – ohne sich jedoch zu kennen. Als der Mann der Frau hinterherspioniert und herausfinden möchte, wer sie in ihrem normalen Leben ist, verliert diese hemmungslose Liebesgeschichte, die auf Anonymität basiert, ihre Unschuld. Und an genau dieser Stelle machte ich den fatalen Fehler und verwechselte *virginity* mit *innocence*, also Jungfräulichkeit mit Unschuld. Es folgte ein schwer zu ertragender Moment der Stille im Klassenzimmer, den die Dozentin mit folgenden Worten auflöste: *Well, that's very European.*

Ein Satz übrigens, den ich des Öfteren zu hören bekam, als ich meine Drehbuchentwürfe abgab. In diesen aufregenden drei Monaten bin ich kein Drehbuchautor geworden, aber ich habe jeden Tag mindestens zwei Filme gesehen, ihre Strukturen analysiert, einen Einblick in die Technik des Schreibens und eine tiefe Ehrfurcht vor der Kunst des Drehbuchschreibens bekommen.

Sehr naiv dachte ich, wenn ich schon mal in Hollywood bin, kann ich ja versuchen, nebenbei irgendwie einen Job als Schauspieler zu erhaschen. Und sollte es überraschenderweise sehr gut laufen, dann könnte man ja überlegen ... Es war schließlich nicht so, dass ich mich daheim vor Arbeit nicht hätte retten können. Im Gegenteil.

Vielleicht hatte ich Glück und konnte irgendwo eine Kleinigkeit zu spielen bekommen. Meinem Englisch hörte man die deutsche Herkunft zwar deutlich an, aber vielleicht könnte ich es ja wie die Kollegen hier machen und mir, wenn es so weit kommen sollte, einen Coach nehmen, der mir mit der phonetischen Feinarbeit half. Aber wo fing ich an? Wie konnte ich mich bemerkbar machen, den vielen Casting-Agenten signalisieren, dass es mich gab und ich in den nächsten drei Monaten Zeit hatte, um zu arbeiten?

Ich lache mich heute noch scheckig über meine Blauäugigkeit. Völlig unverbittert! Aber immerhin verfüge ich ganz offensichtlich über Qualitäten, die neben dem handwerklichen Können in meiner Branche zwingend notwendig sind: tiefer Grundoptimismus und Angstfreiheit. Andere dringend benötigte Qualitäten habe ich weniger: Biss, Ausdauer, Schamfreiheit, Ellbogen, Größenwahn …

Ich treffe Martin M. Kupsch aus Köln, der mit seiner Frau seit sechzehn Jahren in Los Angeles lebt und eine Firma gegründet hat, die Schauspielern oder denen, die es werden wollen, hilft, ins Filmgeschäft zu kommen.

Wir haben uns vor einem Café in der Franklin Avenue, nicht weit vom Hollywood-Schriftzug, verabredet. Wir sind beide pünktlich (was sehr ungewöhnlich in Los Angeles ist), und Martin kommt strahlend auf mich zu. Wir haben noch kein Wort miteinander gesprochen, und schon kann ich ihn nicht ausstehen. Ich ärgere mich über mich und herrsche mich innerlich an, sofort damit aufzuhören. Was ist das? Zwei Möchtegern-Alphamännchen begegnen sich? Das übliche Phänomen, wenn sich Deutsche im Ausland treffen? Er ist ein Aussteigertyp. Hey-ich-leb-seit-zwanzig-Jahren-in-Kalifornien. Fehlt nur noch, dass er sein Deutsch mit amerikanischem Akzent färbt und ihm das ein oder andere deutsche Wort nicht mehr einfällt. Strecker, sei nicht so verspannt und nimm den Mann, wie er ist. Er ist schließlich freundlich und hat sich extra Zeit genommen für diese Begegnung.

Ich komme bald auf den Grund des Treffens, erzähle von meiner Zeit am Schauspielhaus Hamburg, meinen Dreherfahrungen und frage, wie die ersten Schritte in Hollywood vonstattengehen. Wie müssen zum Beispiel

Porträtfotos für Bewerbungsunterlagen aussehen? Brauche ich ein *Showreel*, also einen Zusammenschnitt meiner besten bisherigen Arbeiten? Und vor allem, wie erfahre ich, wann und wo ein Casting stattfindet?

Wie geht man also vor?

Martin nickt eine Weile vor sich hin, bevor er schließlich antwortet: Mit Zeit und Geduld könne ich mir all diese Fragen auch selbst beantworten. Wohingegen er mir diese Informationen gezielt und schnell geben könne. Aber das koste Geld. Er zeigt auf die andere Straßenseite. Ich könne natürlich auch da rübergehen und einen wesentlich günstigeren Kurs buchen.

Wir sitzen genau gegenüber vom *Hollywood Scientology Celebrity Center*. Die Scientologen bieten für alle Neulinge Kurse an, mit Bezeichnungen wie »*How to Get Into the Industry*«. Recht günstig sogar. Wahrscheinlich würde ich allerdings auch Dinge lernen, die sehr weit über das Filmthema hinausgehen.

Martin und seine Frau bieten Training für *Cold Readings* an, die man sich wie eine Leseprobe vorstellen muss, nur dass man den Text in der Regel erst Minuten vor dem Vorsprechen bekommt. Etwas zwischen Vom-Blatt-Lesen und richtigem Spiel. In anderen Kursen erklären sie, wie man in die Gewerkschaft kommen kann, wo und wie man einen Agenten kennenlernt, wie man an ein Vorsprechen kommt und was einen dort erwartet. Aber ich möchte gar nicht in die Gewerkschaft, werfe ich ein. Martin grinst nur.

Schließlich ringt er sich durch und erklärt: »Um eine Rolle in einem Film zu bekommen, musst du zunächst zu einer *Audition* eingeladen werden; und das wird in der Regel von einem Agenten für dich arrangiert. Der Agent interessiert sich aber nur für dich, wenn du Mitglied der *Screen Actors Guild* (SAG), der Gewerkschaft, bist.«

Catch 22 nennt man diese doppelte Vergeblichkeit hier, und auch wenn die Sache für einen Neuankömmling aussichtslos scheint, sie ist es natürlich nicht. Denn auch zu diesem Thema bietet Martin Informationskurse an. Ich merke, ich bekomme offenbar keine Informationen, ohne einen Kurs bei ihm zu buchen, und so bitte ich ihn schließlich, mir sein Kursprogramm inklusive Preisliste zu schicken. *Nice to meet you.*

Meine nächste Anlaufstelle ist ein Buchladen. Samuel French.

Genau genommen handelt es sich nicht um einen normalen Buchladen, sondern um ein Paradies für Theater- und Filmschaffende: Theaterstücke und Musicals ohne Ende, Partituren, Biografien, alles über das Drehbuchschreiben, Filmtheorie im Allgemeinen, Ratgeber für Regisseure, Kameramänner. Aber vor allem für Schauspieler ist der Buchladen ein guter Anlaufpunkt. Es gibt Bücher zum Selbstmanagement, Ratgeber, wie man Mitglied der SAG werden kann, Vordrucke für Bewerbungen und Listen aller Schauspielagenten und Casting-Agenturen.

Der Verkäufer erzählt mir, dass ab und zu junge Frauen mit dem Bus aus dem tiefsten Kansas anreisen, die in L. A. berühmt werden wollen und als Erstes nach ihrer Ankunft hier in den Laden kommen. Wie werde ich am schnellsten Schauspielerin, wollen sie dann wissen. Aber auch die Stars kommen, da es in diesem Laden neben der Fachliteratur zum Beispiel auch CDs mit Dialekten gibt. Falls Cate Blanchett eine Texanerin spielen soll oder jemanden mit italienischen Vorfahren, findet sie hier für jede Sprachfärbung die passende Übungs-CD. Cate war neulich tatsächlich da, kaufte aber keine CD, sondern Noten.

Tags drauf bekomme ich per E-Mail ein Angebot von Martin M. Kupsch für seinen Kurs »*Getting Prepared for the US Film Market*«. Sinnvoll seien mindestens sechs Stunden à 200 Dollar, aber ich bekäme einen großzügigen Rabatt, sodass ich nur 900 Dollar zahlen müsste, wenn ich das Geld vorab überweisen würde. Da setze ich mich lieber in Cornelias wunderbaren Garten und fange an, die eben erworbenen Bücher zu lesen.

»How to get your SAG Card«, »Your first Year in Hollywood« und »How to Succeed in Hollywood (Without Losing Your Soul)« liegen auf dem Tisch: Um ein Vorsprechen, ein Casting, zu bekommen, muss man zunächst einmal davon erfahren und eingeladen werden. Das ist in Deutschland nicht anders. Aber dass eine täglich aktualisierte Liste verschickt wird, in der alle Vorsprechen an Theatern, alle Castings für Film- und Fernsehproduktionen an Ost- und Westküste verzeichnet sind, das überrascht mich. Ebenso, dass ausschließlich zertifizierte Agenten oder Manager Zugang zu diesen Listen haben.

Wie also kann ich einen Agenten für mich interessieren? Denn was man in Los Angeles wirklich nicht braucht, ist ein weiterer unbekannter Schauspieler ohne Vertretung.

Hilfreich wäre, wenn man sich entweder in deutsch-internationalen Koproduktionen bereits einen Namen gemacht hätte, wie zum Beispiel Daniel Brühl und Armin Mueller-Stahl, oder man hätte in einer preisgekrönten Produktion mitgewirkt wie Martina Gedeck und Sebas-

tian Koch in Florian Henckel von Donnersmarcks oscar-
gekröntem »Das Leben der Anderen«.

Was wäre wohl aus dem großartigen Ulrich Mühe
geworden …

Für mich als wenig bekannten deutschen Schauspieler, der immer nur für ein Drei-Monats-Zeitfenster in der
Stadt ist, gibt es nicht viele Möglichkeiten. Man kann an
den zahllosen Workshops teilnehmen und hoffen, dass
man jemanden kennenlernt, der einem weiterhilft. Es gibt
diverse Webseiten, auf denen man Adressen findet, an die
man seine Bewerbungsunterlagen schicken kann, und wo
man auch erfährt, wann und wo die *Cattle Calls* stattfinden. Das sind sogenannte offene Castings. Manchmal
sieht man sie, diese Menschenschlangen, die sich zweimal
um den Block winden. Manche der Wartenden haben
Klappstühle und Sonnenschirme dabei, und sie stehen
nicht für Konzertkarten an, sondern warten, bis sie vorsprechen dürfen. *Cattle* heißt übrigens »Vieh«…

Um diesen Weg zu gehen, braucht man einen Job,
von dem man leben kann und der einem erlaubt, spon-
tan einer Casting-Einladung folgen zu können (deswegen so viele kellnernde Schauspieler). Drei weitere Dinge
sind absolut nötig: Geduld, ein unverrückbarer Grundoptimismus und ein dickes Fell.

Schauspieler für gute oder größere Rollen werden
über die Cattle Calls allerdings nicht gesucht, sondern
allenfalls *Extras*, Statisten, die eine Straße bevölkern, vor
einem Monster flüchten oder eine Bar füllen. Wir nennen
diese Statisten manchmal etwas despektierlich »Schwenk-
futter«. Die Kamera schwenkt von einem Schauspieler
zum anderen, und der Raum dazwischen soll belebt wirken. Wenn man Glück hat, darf man einen Satz sagen,

und mit ganz viel Glück bekommt man eine *under five.* Das ist schon eine kleine Rolle mit bis zu fünf Sätzen und wird ganz anders vergütet.

Gern werden die Zuschauer von Spielshows mit unbekannten Schauspielern durchsetzt, damit die Reaktionen auf das Geschehen lebendiger wirken. Ich muss zugeben, darauf hatte ich nicht mal im Rahmen eines Selbstexperiments Lust.

Wenn man von Castings liest, für die man zu den Bewerbungsunterlagen ein Foto mit freiem Oberkörper mitschicken soll, kann man davon ausgehen, dass ein Porno besetzt wird. Das passiert nicht selten, denn im San Fernando Valley, besonders in Northridge und Chatsworth, liegt das Porno-Zentrum der Welt. Vor zehn Jahren wurden jährlich in 11 000 Porno-Produktionen 10 000 bis 20 000 Menschen beschäftigt. Es wurde ein Jahresumsatz von vier Milliarden Dollar erzielt.

Die Porno-Branche wurde wie die Filmindustrie schwer von der Rezession getroffen, aber härter noch vom Erfolg des Internets. Für die Masse der Konsumenten gibt es kaum mehr Gründe, kostenpflichtige Seiten zu besuchen oder gar, sich ein Video zu kaufen.

2012 musste ein weiterer Tiefschlag eingesteckt werden. Ein neues Gesetz schreibt in Kalifornien die Kondompflicht der Darsteller vor. *No glove no love.* Das will der Konsument nicht, sagen die Porno-Produzenten. Sie befürchten noch größere Umsatzeinbußen und drohen damit, nach Nevada abzuwandern, sollte das Gesetz wirklich umgesetzt werden. Der Stadt würden dann Steuereinnahmen von jährlich 36 Millionen verloren gehen, und es ist sehr wahrscheinlich, dass man einen Kompromiss finden wird. (Ein hervorragender Film zu dem Thema ist »Boogie Nights« mit Mark Wahlberg und Julianne Moore, der in den 1970er- und 1980er-Jahren spielt und Aufstieg und Fall des Porno-Darstellers Dirk Diggler erzählt, in einer Zeit, als das Porno-Geschäft durch das Auftauchen der Videokassetten einen riesigen Boom erlebte.)

Bei seriösen Casting-Ausschreibungen taucht immer das Kürzel SAG auf; es wird gefragt, ob man Mitglied der Gewerkschaft sei, also *union* oder *non-union*. Wie konnte die Screen Actors Guild zu einer solchen Wichtigkeit gelangen?

1933, im Gründungsjahr der SAG, bekamen die wenigsten Schauspieler mehr als 15 Dollar Tagesgage, und die meisten hatten nicht kündbare Sieben-Jahres-Knebelverträge. Die Arbeitsbedingungen waren hart, die Produzenten bestimmten selbst private Aspekte des Lebens. Eine kleine Gruppe von Schauspielern, die bereit waren, ihre Karriere zu riskieren, gründete die Screen Actors Guild, die nach vier Jahren nervenaufreibender Arbeit einen ersten Vertag mit einem der mächtigen Studios abschloss, in dessen Folge zumindest die Arbeitsbedingungen verbessert wurden. Aber noch immer waren Schauspieler eigentlich Leibeigene. Rückendeckung gab es von Betty Davis, die gegen Warner opponierte, weil sie es leid war, Rollen spielen zu müssen, die ihr nicht zusagten. Warner suspendierte sie ohne Lohnfortzahlung und erwirkte eine einstweilige Verfügung, die es dem Star untersagte, an anderer Stelle zu arbeiten. Betty Davis prozessierte gegen diese Vorgabe und verlor, trotzdem begann die Allmacht der Studios Risse zu bekommen.

Aus gleichen Gründen lehnte sich Olivia de Havilland nach ihrem Erfolg in »Vom Winde verweht« gegen Warner auf – und wurde ebenfalls suspendiert. Als Warner sich weigerte, sie vorzeitig aus ihrem Sieben-Jahres-Vertrag zu entlassen, prozessierte sie und gewann. Damit war das Ende der bisherigen Knebelverträge besiegelt und eine völlig neue Verhandlungsbasis für die Schauspieler geschaffen. Über jahrelanges Kräftemessen mit den Studios, starken Mitgliederzuwachs und diverse Streiks gelang es der SAG, nach und nach die Arbeitsbedingungen zu verbessern und die Rechte der Schauspieler auszubauen. Garantierte Mittagspausen, Begrenzung der maximalen Arbeitszeit, Aufenthaltsmöglichkeiten während der Dreharbeiten, Vergütung bei Wiederholungen im Fernsehen, Renten und Krankenversicherungen wurden erst jetzt überhaupt vorstellbar. Anfänglich tauchten sogenannte *Checker* der SAG am Drehort auf und überprüften die Arbeitsbedingungen. Fanden sie Mängel oder auch Darsteller im Team, die nicht Mitglied der SAG waren, wurden die Dreharbeiten abgebrochen.

Möchte heute ein Produzent mit einem Schauspieler arbeiten, der Mitglied der SAG ist, muss er ein Abkommen unterzeichnen, das ihn verpflichtet, alle Regeln der SAG anzuerkennen.

Daher würden die meisten Agenten keinen Schauspieler unter Vertrag nehmen, der noch nicht Mitglied der SAG ist. Die Mitgliedschaft ist für den Schauspieler ein Gütesiegel, sagt im Grunde aber weniger über seine Begabung aus als über die Tatsache, dass ein Agent mit diesem Schauspieler leichter Geld verdienen kann. Wer in der SAG ist, hat schon gedreht, hat *credits* und bringt vielleicht sogar einen Marktwert mit. Seit 2012 ist die

SAG mit der *American Federation of Television and Radio Artists* (AFTRA) zusammengeschlossen und vereinigt somit über 160 000 Mitglieder.

Auch in Deutschland haben wir eine Gewerkschaft für Schauspieler, den Bundesverband der Film- und Fernsehschauspieler. Der BFFS ist noch sehr jung, zählt immerhin 2400 Mitglieder und hat gewaltige Aufgaben vor sich, da unsere Arbeitsbedingungen immer schlechter werden. Der Verband ist allerdings bei Weitem nicht so mächtig, dass zum Beispiel ein Streik organisiert werden könnte, der wehtut. Aber warten wir mal ab.

Die Frage für mich ist inzwischen also nicht mehr, wie ich an ein Casting komme, sondern wie ich es schaffe, Mitglied der Screen Actors Guild zu werden. Mal abgesehen davon, dass man ein Arbeitsvisum oder bei längeren Aufenthalten die *Green Card* braucht, um in den USA arbeiten zu können, wird bei den veröffentlichten Angeboten immer unterschieden zwischen Union- und Non-Union-Projekten. Möchte man eher nebenbei mal mitwirken oder ist man Neueinsteiger, funktioniert der Einstieg über die Non-Union-Projekte ganz gut, denn es gibt zahllose Independent-, Low- und No-Budget-Produktionen, die es sich nicht leisten können, den hohen Anforderungen der SAG zu genügen. Auch Übungs- und Abschlussarbeiten an den Filmhochschulen eignen sich sehr gut, um in die Branche hineinzuschnuppern. In all diesen Non-Union-Projekten können Schauspieler ohne SAG-Card mitwirken. Mitgliedern aber ist dies untersagt. Mit einer kostenpflichtigen Mitgliedschaft bei *backstage. com* erfährt man von vielen Film-, Werbe,- und Musikvideo-Castings oder Bühnenvorsprechen, alle eingeteilt in union / non-union. Man kann ein Profil mit Fotos, Vita und Verweis zur eigenen Webseite einrichten und sich so für die Projekte bewerben. Hat funktioniert!

Bei einem Abendessen bei Cornelia habe ich Lionel Wigram kennengelernt. Er war *Senior Vice President of Production* bei Warner Bros. und hat beispielsweise die Filmrechte der Harry-Potter-Romane an Land gezogen. Für drei der Potter-Verfilmungen war er als *Executive Producer* tätig, zudem hat er gemeinsam mit Guy Ritchie und Robert Downey Jr. »Sherlock Holmes« entwickelt und produziert. Wir mochten uns auf den ersten Blick, und mir war Gott sei Dank nicht ganz bewusst, mit was für einem Großkaliber ich es zu tun hatte, sonst wäre ich befangen gewesen. Aber ich habe ihm nie das Gefühl gegeben, dass mein Interesse an ihm auch nur annähernd etwas mit meinem Beruf und seiner Position zu tun hat. Sonst hätte er sich wohl niemals auf dieses Frühstück eingelassen, bei dem ich ihm ein paar Fragen stellen wollte.

Trotzdem ist ihm dieses Treffen, das spüre ich, ein wenig suspekt. Es hat zunächst halb dienstlichen Charakter, und das macht Lionel noch britischer, als er ohnehin schon ist. Die Fragen scheinen ihn nicht zu interessieren. Ich bin mir über deren Qualität inzwischen auch selbst etwas unsicher. »Warum Hollywood-Filme so teuer sind?«, wiederholt er. »Sind sie doch gar nicht! Bestimmte Filme sind so teuer, weil sie genau so viel kosten, wie das Genre es verlangt.«

Gibt es ein Außen und Innen? »Natürlich! Wie in jeder alteingesessenen und erfolgreichen Struktur, und so eine ist Hollywood. Es gibt bestehende Netzwerke, die werden behütet und gepflegt, wobei einem der Einstieg hier so leicht gemacht wird wie nirgends. Ist jemand erfolgs- und gewinnversprechend, so wird ihm ein herzliches Willkommen beschert.«

Lionel spielt in der obersten Liga, in der es ausschließlich um Unterhaltung geht. Nur diese riesigen Projekte und hohen Einsätze machen ihm Spaß. Aber mit den größeren Summen ist auch mehr Angst im Spiel als früher. Es gibt trotz sorgfältig geführter Statistiken, trotz Weltstars, genialer Drehbücher und Regisseure kein Rezept für den sicheren Erfolg eines Films. Hohe Summen werden lieber in Projekte investiert, die scheinbar weniger riskant sind. Daher spielt das sogenannte *Branding* eine immer wichtigere Rolle. Gemeint ist nicht, dass ein bestimmtes Produkt im Film platziert wird, damit ein Konzern sich vielleicht an den Produktionskosten beteiligt, nein, es geht darum, den Film selbst zur Marke zu machen. Eine Marke, die bekannt ist, sich bewährt hat.

Daher werden immer mehr *Remakes* produziert von Filmen, die früher schon einmal erfolgreich gewesen sind (obwohl massenhaft gute Stoffe in den Schubladen schmoren): Man denke nur an »Spiderman«, »Total Recall«, »King Kong« oder »Casino Royale«.

Mit den *Sequels* versucht man, an eine gut verkäufliche Geschichte anzuknüpfen, wie »Batman«, »Hangover«, »Ocean's Eleven«, »Alien«, »Star Wars«, »Mission Impossible«, und so produziert man zweite und wenn möglich dritte Teile. Eine andere zurzeit sehr beliebte Variante nennen die Marketing-Strategen jetzt *Prequel*. Mit diesen Filmen werden die Vorgeschichten bereits existierender Handlungen erzählt. »The Dark Knight Rises« für Batman, »Prometheus« für die »Alien«-Serie, und wenn man so will, auch der »Hobbit« als Vorgeschichte von »Herr der Ringe«. Dies sind Marken, die bei den Zuschauern nicht erst etabliert werden müssen. Allerdings wird auch der edelste Tee beim x-ten Aufguss irgendwann schal.

Die Leute gehen heute weniger ins Kino, sehen sich zu Hause auf ihren Home-Cinema-Anlagen, die besser und günstiger sind denn je, eine Realityshow an oder geben ihr Geld lieber für die Serien der Pay-TV-Sender aus. Mit *Netflix* und *Video on demand* ist es möglich geworden, sich genau den Kinofilm, den man möchte, per Knopfdruck günstig auf den heimischen Bildschirm zu holen. Videotheken sind heute überflüssig; in L. A. schließt eine nach der anderen.

Im Laufe des Gesprächs landen Lionel und ich bei Schauspielern, die »so tun als ob«, und anderen, die »sind«. Wir reden über die Unterschiede zwischen Emotionen und Gefühlen. Ich erzähle ihm, dass ich in den nächsten Tagen dem »Meister der Mimik«, Paul Ekman, begegnen werde, und merke, dass längst Lionel derjenige ist, der die Fragen stellt. Er ist ganz in seinem Element, bringt Menschen dazu, Geschichten zu erzählen, genauer und mutiger zu werden, und hört ihnen dann schließlich genussvoll zu.

Am Ende frage ich ihn doch noch, ob er Zeit hätte, sich mein Castingband anzusehen, das ich online gestellt habe, zusammengeschnitten aus dem wenigen englischen Material, das ich gedreht habe, und deutschen Filmszenen mit englischen Untertitelten. Er ist nicht verärgert und verspricht es. Ich denke an das Zitat von Jack Nicholson: *In Hollywood everything is nothing until it is something.* Bewerbungsunterlagen wie meine dringen ohne Beziehungen sonst nicht mal bis zum Assistenten des Assistenten durch.

»Lie to Me« ist eine Fernsehserie, die auch bei uns ausgestrahlt worden ist. Tim Roth spielt darin den Psychologen Dr. Cal Lightman, der von Ermittlern zu Hilfe gezogen wird, weil er durch Analyse von Gestik, Mimik und Körpersprache feststellen kann, ob sein Gegenüber die Wahrheit sagt oder lügt. Quasi ein lebender Lügendetektor. Diese Serie und ihre Hauptfigur basieren auf einer tatsächlich existierenden Vorlage: dem Ethnologen und Psychologen Paul Ekman. Ebenjenem »Meister der Mimik«, von dem ich Lionel Wigram erzählt habe.

Ekmans System basiert auf der Annahme, dass es sieben Grundemotionen gibt und dass Mimik zudem eine universale Sprache ist. Wut, Ekel, Angst, Verachtung, Traurigkeit, Überraschung und Freude können von allen Menschen kulturübergreifend erkannt und ausgedrückt werden. Daraus entwickelte Ekman das *Facial Action Coding System,* eine Art Atlas der menschlichen Mimik. Jeder Gesichtsausdruck, den die 43 Gesichtsmuskeln erzeugen, kann damit in seine Komponenten zerlegt werden. Mit diesem Wissen wird lesbar, ob jemand Informationen verheimlicht oder verfälscht. Das machte Ekman zum Lügenexperten und zum Mitarbeiter von FBI und CIA. Inzwischen sind Verhörspezialisten, Flughafenpersonal und Sicherheitsbeamte und, nach 9/11, auch die CIA nach seiner Methode ausgebildet.

Ihn also sollte ich treffen, weil ein Team aus Deutschland für die ARTE-Dokumentation »Durchschaut: Das Rätsel menschlicher Gesichter« Ekman besucht und filmen will, wie er mit mir als Schauspieler Übungen macht. Ich kann Ekmans Gesicht nicht einschätzen. Es ist ausdruckslos und gleichwohl quecksilbrig beweglich. Er kann offenbar jeden einzelnen Gesichtsmuskel isoliert in alle erdenklichen Richtungen tanzen lassen und nach Belieben Ausdrücke zwischen mephistophelisch, dümmlich-ängstlich und überrascht-freudig abrufen.

Wir fangen mit einer Improvisation an, um dem Filmteam die unterschiedlichen Mimiken zu demonstrieren: Mein Sohn ist auf eine Party eingeladen, und ich soll ihm erklären, dass er zu Hause bleiben muss, um auf seine kleine Schwester aufzupassen, weil ich einen dringenden Termin habe. Ich soll Paul Ekman anspielen, als sei er mein Sohn. Variante A, um Verständnis bittend, Variante B, keinen Widerspruch duldend.

Das sind für mich eigentlich Fingerübungen, aber Ekman findet die autoritäre Variante nicht überzeugend. Er entdeckt ein verstecktes Lächeln in meinem Ausdruck. Ich versuche es noch einmal, und wieder ist er nicht zufrieden. Aber diesmal habe ich mich beim Spiel selbst genauer beobachtet und muss zugeben, dass er recht hat. Da drängelt sich ein Lächeln dazwischen. Aber das ist keine Häme oder Schadenfreude, wie Ekman vermutet, sondern Scham! Ich erkläre ihm, dass es für mich ungewohnt ist, auf Englisch zu improvisieren, und ich möglicherweise etwas gehemmt bin. Dann soll ich in meiner eigenen Sprache spielen, sagt er, für den emotionalen Ausdruck sei das egal. Und mit der deutschen Variante ist er sofort völlig zufrieden. Ich aber nicht, denn mir wird klar, ich bin noch lang nicht reif dafür, in Los Angeles zu performen. Wenn ich beim Spielen auf meine Aussprache achte, und sei es nur unterbewusst, bin ich in meinen Mitteln unfrei.

Die nächste Versuchsreihe ist technischer. Ich soll zum Beispiel Gesichtsmuskel 5 nach oben ziehen, 12 nach hinten, dann 33 und 8 gleichzeitig anspannen. Ich tue mich damit im Gegensatz zu Ekman selbst sehr schwer, kann zum Beispiel nur mit dem rechten Ohr wackeln, dann aber nicht mehr die beiden Augenbrauen gleich weit nach oben ziehen. Wir erzeugen technisch Gefühlsausdrücke. Es ist, als würde ich verschiedenartige Masken ausprobieren und wieder ablegen.

An der letzten Aufgabe scheitere ich endgültig: Ich soll die inneren Augenbrauen nach unten bewegen, die äußeren nach hinten-oben und zugleich die Augen so weit wie möglich öffnen, während die Oberlippe …

Etwas ungeduldig breche ich meine Versuche ab und bitte Ekman, mir nicht bloß bestimmte Muskelgruppen, sondern eine nachvollziehbare Situation zu beschreiben, die zu dem Ausdruck führt. Und siehe da! Das kann ich! Ich stelle mir die beschriebene Situation vor, und in mir entsteht etwas, das ich größer werden lasse, bis es zu einem Gefühl wird, das sich seinen Ausdruck sucht. Und schon bewegen sich genau die Gesichtsmuskeln, die gefragt sind.

Paul Ekman ist der Meister der Hardware, und ich bin eher ein Software-Spezialist. Das ist, ohne jede Bewertung, die Essenz der unterschiedlichen Herangehensweisen von Künstlern überhaupt. Die einen arbeiten sich von außen nach innen, erschaffen Form, die sie füllen, die anderen wachsen von innen nach außen, schaffen einen Inhalt, der sich seine Form sucht. Aber richtig spannend wird es erst, wenn man diesen Dualismus überwindet! Das Loch kann es ohne den Rand nicht geben. Es ist eins.

Eine Woche später bekomme ich eine E-Mail von Lionel Wigram. Er hat sich mein Castingband tatsächlich angeschaut!

» You're a great actor! Not that I'm surprised. I will keep you in mind if something I am working on seems to be appropriate. «

Das ist der schönste Korb, den ich jemals bekommen habe. In elegant britischer Manier macht er mir ein Kompliment für meine schauspielerischen Fähigkeiten, und gleichzeitig teilt er mir noch etwas anderes mit, und er hat völlig recht! Gut zu sein reicht nicht. Das ist nur eines von vielen Kriterien. Bei den Summen, die in Hollywood auf dem Spiel stehen, schiebt man sich nicht gegenseitig einen Kumpel zu. Arbeit basiert hier auf Erfahrungswerten und darauf, dass man einen langen beharrlichen Weg zurücklegt. Natürlich gibt es immer die berühmten Ausnahmen, aber darauf spekuliert man nicht mit gesundem Verstand. Der wunderbare Christoph Waltz hatte das Glück, Herrn Tarantino von der Casterin Simone Bär vorgestellt zu werden. Aber nicht nur Glück. Waltz spricht drei Sprachen akzentfrei, was für »Inglorious Bastards« wichtig war, und vor allem ist er ein sehr, sehr guter Schauspieler.

Sehr viele Kollegen haben einige Jahre in Los Angeles gearbeitet und sind wieder zurückgekommen. Jeder wird für die Rückkehr seine eigenen Gründe gehabt haben, aber ganz bestimmt ist nicht jeder bei dem Versuch gescheitert, dort Weltruhm zu erlangen, und dann reuig wieder heim nach Deutschland gekommen, wie die Presse so gern mit leichter Häme berichtet. Ich bin mir sicher, wenn ich mich mit Leib und Seele hineinwerfen würde und zu hundert Prozent in Los Angeles einstiege, würde es funktionieren. Aber diese Entscheidung treffe ich nicht, zaudere. Von einer Arbeit, die ich liebe, leben zu können und dabei eine gute Zeit zu haben, ist Luxus. Ich träume nicht davon, berühmt zu werden.

Aber ich lebe und liebe meine Sprache, und ich müsste in L. A. täglich mehrere Stunden Dinge tun, die ich in Deutschland schon nicht gern mache. Immer nett zu den Leuten und immer kompatibel sein, Klinken putzen, permanent am Ball bleiben, akquirieren, sich fortbilden, nicht eine Sekunde das Ziel aus den Augen verlieren und dabei stets freudigen Optimismus ausstrahlen.

Als ich längst wieder daheim in Deutschland bin, kommen tatsächlich Einladungen für ein Theater-Vorsprechen und ein Filmcasting (beide non-union!), weil ich vergessen habe, meine Mitgliedschaft auf der entsprechenden Webseite zu kündigen und noch als in L. A. wohnhaft verzeichnet bin. Anfänge sind möglich.

Das verspricht die Stadt und hält es auch. Vielleicht könnte ich zwischen den Kontinenten pendeln? Das wäre nur eine halbe Entscheidung. Als würde ich ein schnelles Auto wollen, aber mit angezogener Handbremse fahren. Ich bin mir sicher, die meisten der Neu-Angelenos kennen dieses Brüten, Abwägen, für und wider. Vielleicht muss ich mit dem Gedanken an ein Leben in L. A. noch ein wenig schwanger gehen. Dann wird er reifen oder eben nicht.

Oscar klatscht und tratscht

Bald verleiht die *Academy of Motion Picture Arts and Sciences* zum 86. Mal die Oscars. Die Stadt verändert sich. Man könnte meinen, Los Angeles mache sich das Gesicht zurecht für die mehreren Hundert Millionen Fernsehzuschauer der Welt. Aber nein, die Stadt wirkt eher wie ein Showmaster, der sich sammelt, bevor er die Bühne betritt. Ganz bei sich. Gestrahlt wird später.

Als Autofahrer muss man überlegen, wie man den Hollywood Boulevard am besten umfährt. Vor dem Kodak Theatre, entschuldigen Sie, dem Dolby Theatre (nachdem Kodak Insolvenz angemeldet hat, wird dieser Ort seit Mai 2012 nach dem neuesten Sponsor benannt), bauen Arbeiter Brückenkonstruktionen über den Boulevard, auf denen sich später Fotografen und Kameramänner drängen werden, um die vorbeiflanierenden Stars ablichten zu können. Die riesigen Oscarstatuen werden aufgestellt und poliert, der 150 Meter lange Teppich wird ausgerollt ...

85 Fotografen, 91 Journalisten, 307 Kameramänner und andere, die zuständig sind für Ton, Licht oder Ähnliches, werden ein Spalier bilden, durch das sich das Theater vor den Augen der Welt langsam füllen wird. Lange vorher haben sich fast 600 Presseorganisationen für eine Akkreditierung beworben, weniger als die Hälfte werden tatsächlich vergeben.

Vieles bekommen wir als Fernsehzuschauer nicht mit. Wir sehen jubelnde Menschen, die den Stars auf dem roten Teppich von ihrer Tribüne zuwinken, und denken, das sind Fans, die dort bestimmt schon zwei Tage gezeltet haben, um die besten Plätze zu bekommen.

Zwei Tage vor der Verleihung kommt man dem Areal nicht mal nahe. Rund ums Dolby Theatre wird weiträumig abgesperrt. Ohne Eintrittskarte hat man keine Chance, auch nur ein Auto anrollen zu sehen. Jeder Platz direkt am roten Teppich ist lange vorher vergeben und spezifisch zugeteilt worden. Hauptsächlich an Journalisten und Fotografen. Für einen der 700 Tribünenplätze können sich die Fans von Mitte September bis Mitte November online bewerben. Wer von den 20 000 Bewerbern einen Platz bekommt, wird per Los entschieden.

Wir sehen nicht, dass die Fotografen dieses Jahr vielleicht kollektiv die Kameras senken, wenn Charlize Theron vorbeiläuft. Man ist verärgert, dass sie nicht lange genug stehen bleibt und zu wenig lächelt, und man erwägt, sie dieses Mal gar nicht zu fotografieren. Möglich, dass sie darüber nicht einmal unglücklich ist. George Clooney haben sie zuvor auch schon bei zwei Premieren »abblitzen« lassen. Die Fotografen fühlten sich durch seine Äußerungen in einen Topf geworfen mit den Paparazzi und fotografierten ihn erst wieder, nachdem er sich entschuldigt hatte.

Nicht einmal alle Mitglieder der Academy of Motion Picture Arts and Sciences (AMPAS) bekommen ein Ticket für die Veranstaltung, denn das Theater fasst nur rund 3300 Plätze. Dennoch gibt es sogar für Nichtmitglieder ein Schlupfloch und die Möglichkeit, neben George, Angelina, Sean oder Tom zu sitzen: Sitz-Füller!

Ungefähr 150 sogenannte *seat filler* werden jedes Jahr zur Oscarverleihung engagiert. Angenommen, Johnny Depp ist nominiert, sitzt im Auditorium, und seine Freundin muss mal die gewissen Örtlichkeiten aufsuchen. Oder George Clooney verlässt seinen Platz, weil er einen seiner schrecklichen Fertig-Espressi trinken will. Es sieht nicht schön aus, wenn die Kamera im Saal Reaktionen auf die Reden zeigt oder die Anspannung eines Nominierten, und die Sitze daneben oder dahinter sind leer. Deshalb werden die leeren Sitze mit dafür engagierten Statisten besetzt. Aber ein seat filler zu werden ist ein langer Weg. Man sollte einige vergleichbare Veranstaltungen mitgemacht haben, über adäquate Garderobe verfügen, sich sehr zeitig mit Glamour-Porträtfotos und Lebenslauf bewerben und keine Probleme damit haben, dass das zuständige Sicherheitspersonal die eigene Lebensgeschichte durchleuchtet. Vielleicht ist es am Ende doch einfacher, den Wecker zu stellen und gemeinsam mit den Cineasten-Freunden gemütlich zu Hause die Oscarshow zu gucken, zusammen zu frühstücken und wieder zurück ins Bett zu gehen.

Was wir im Fernsehen ebenfalls nicht mitbekommen, ist, wie die traditionellen Kinoplakate immer mehr den großflächigen Kampagnen zu den nominierten Darstellern, Regisseuren, Komponisten weichen. Fast, als stünde eine Wahl bevor. »*For your consideration!*« prangt dann auf dem Plakat über dem Filmtitel oder dem Kopf eines nominierten Schauspielers. Erwägen Sie auch diesen Kandidaten! Das sind Interna, Botschaften, die sich an die rund 6000 Mitglieder der Akademie richten. Ich bin Mitglied der deutschen Filmakademie und kann mir nicht vorstellen, dass es meine Entscheidung über die beste Regie, beste Kamera oder anderes beeinflussen würde, wenn die Stadt gepflastert wäre mit stimmungsmachenden Plakaten. Aber ich bin auch kein Amerikaner.

Wie im Vorfeld der politischen Wahlen in den USA gibt es auch bei der Oscarverleihung Vorentscheide und Prognosen. Wichtiger Hinweis darauf, welche Chancen ein Film hat, für den Oscar nominiert zu werden, ist die Verleihung der Golden Globes. Ebenso wahrgenommen werden die vielen, nicht so bekannten Preisverleihungen der einzelnen Fachverbände, wie die *Screen Actors Guild Awards*, die vier Wochen vor den Oscars verliehen werden. Viele der Mitglieder der einzelnen Verbände sind auch Mitglieder der AMPAS, deren 6000 Mitglieder die nominierten Filme ansehen und bewerten. Jede einzelne Stimme trägt dazu bei, dass jemand in der jeweils nominierten Kategorie am Ende der Gala ein goldenes Männchen mit nach Hause nimmt, und je näher die große Gala rückt, desto heftiger werden die Plakatierungen und desto wilder werden die Pre-Oscar-Partys.

Erst recht, wenn sich abzeichnet, dass es ein Kopf-an-Kopf-Rennen geben könnte, wie das zum Beispiel bei »The Hurt Locker« und »Avatar« der Fall war. Mit diesen beiden Kontrahenten standen sich mehr als nur zwei Filme gegenüber. Realismus gegen Fantasy, der schlechtest besuchte nominierte Film aller Zeiten gegen den umsatzstärksten Film aller Zeiten, der Außenseiter gegen den Mega-Favoriten, fünfzehn Millionen Budget gegen 237 Millionen und nicht zuletzt auch Regisseurin Kathryn Bigelow gegen Exehemann James Cameron.

Ganz ähnlich verhielt es sich mit den beiden Favoriten »The Social Network« und »The King's Speech« im Jahr darauf. *Sony Pictures* veranstaltete wenige Wochen vor der Oscarverleihung eine Riesenparty, angeblich, um die DVD- und Blu-ray-Veröffentlichung von »The Social Network« zu feiern. Dass Regisseur David Fincher und seine Stars Jesse Eisenberg und Andrew Garfield mit Produzent Scott Rudin bei einer Release-Party erschienen, war unüblich, wird aber die Gäste gefreut haben.

Wenn man stimmberechtigtes Akademie-Mitglied ist, kann man von Dezember bis Ende Februar ein ziemlich aufregendes Leben führen, denn natürlich veranstaltete *The Weinstein Company* ebenfalls etliche Partys für »The King's Speech« mit Colin Firth und Helena Bonham Carter. Und alle anderen nominierten Filme wurden ebenfalls mit höchst unterhaltsamen Veranstaltungen bedacht. Um solche Partys und das Auftreten des Regisseurs und seiner Stars zu koordinieren und strategisch zu lancieren, werden Spezialisten wie Lisa Taback angeheuert, die in den letzten zwei Jahren der Weinstein Company 29 Oscarnominierungen sichern konnte. Diese sogenannten Oscarpublizisten organisieren Dutzende von Filmvorführungen für die Akademiemitglieder, versuchen die wichtigsten Journalisten und Blogger für ihren Film zu gewinnen, verschicken Tausende Sichtungs-DVDs und sorgen dafür, dass der Film gesehen wird.

Sicher ist die Qualität der Filme am Ende ausschlagge-
bend, aber »The King's Speech« und der Schwarz-Weiß-
Stummfilm »The Artist« zum Beispiel sind Außenseiter-
filme, die sich ohne Lisa Tabacks Schützenhilfe vielleicht
nicht durchgesetzt hätten. Es gibt kein Rezept, das den
Erfolg garantiert, erklärt Frau Taback, aber sie sucht bei
jedem Film nach der Geschichte, die ihm den Rücken
stärken könnte. Für »The Artist« gewann sie die Unterstützung der Chaplin-Enkeltöchter Dolores und Carmen.
Das mochten die Leute. Auch die Tatsache, dass der Film
in Los Angeles gedreht worden war. Was in den vergangenen Jahren zudem sehr gut bei den Akademiemitgliedern anzukommen scheint, ist das Image eines Underdog,
eines Außenseiterfilms. Der kleine, liebevoll gemachte
Low-Budget-Film, der sich gegen die mächtigen Groß-
produktionen durchsetzen muss. An dieser Vorliebe der
Akademiemitglieder hatte sich auch 2013 nichts geändert,
und so konnte sich 2013 Ben Stillers »Argo« gegen die
haushohen Favoriten »Zero Dark Thirty« von Bigelow
und Spielbergs »Lincoln« durchsetzen.

Eine andere Taktik, die Frau Taback für »The Artist«
anwandte, bestand darin, die Sichtungs-DVD, die den
Akademiemitgliedern nach Hause geschickt wurde, so
lange wie möglich zurückzuhalten. Die Wähler waren
geradezu gezwungen, in die Kinos zu gehen und sich den
Film auf großer Leinwand anzusehen. Und es berührt
natürlich, den Film an dem Ort zu sehen, von dem er
erzählt. »The Artist« wurde in zehn Kategorien nominiert und gewann davon fünf.

Zur Oscarverleihung 2012 allerdings hatten die Kampagnen und Partys, die mit den Ansichts-DVDs ver-
schickten Geschenke sowie die Flut von Werbe-E-Mails

maßlos zugenommen. Vor allem die sogenannten *third parties* wurden fast inflationär veranstaltet. Das sind private Feste mit Filmvorführung, die eine beliebte, bekannte Person für einen nahen Schauspielerfreund ausrichtet, dessen Film zufälligerweise gerade nominiert wurde. Julia Roberts veranstaltete, gut getimt und Seite an Seite mit den wichtigen Meinungsmachern der Presse, ein solches Event für ihren Freund Javier Bardem, der mit »Biutiful« als bester Schauspieler nominiert war und den Oscar später auch tatsächlich bekam.

Am Ende wurde der Academy of Motion Picture Arts and Sciences der Rummel zu viel, und sie bestimmte neue Regularien, um die Veranstaltungen im Vorfeld der Verleihung einzuschränken. Direkte Werbe-E-Mails sowie Geschenk- und Werbesendungen an Akademiemitglieder sind nun verboten; den Wahlberechtigten ist untersagt, über Twitter und Facebook Negativwerbung gegen nominierte Filme zu veröffentlichen.

Ähnlich wie bei den Filmfestivals, bei denen der Wettbewerb nur die glamouröse Spitze des Eisberges ist, laufen auch parallel zu den Oscars die eigentlich wichtigen Geschäfte. Man nutzt die kurzfristige Ballung der Branche, schließlich sollen die Filme ja nicht nur im Wettbewerb laufen, sondern auch verkauft werden.

Jeder Film braucht einen Verleih, der die Kinos mit Filmkopien beliefert. Aber ein Film refinanziert sich (wenn überhaupt) nicht nur über den Kauf einer Kinokarte. Hat man keine großen Hoffnungen, dass ein Film lange und in vielen Kinos gezeigt wird, gibt es noch die Möglichkeit, einen der Fernsehsender dieser Welt als Käufer für sich zu gewinnen. Vorher aber wird man den Film als DVD oder Blue-ray auf den Markt bringen (viele Filme werden direkt für diese Medien produziert). »The Hurt Locker« zum Beispiel mag zwar der schlechtest besuchte Oscarpreisträger aller Zeiten sein, aber der Verkauf der Blu-rays und DVDs brachte einen Erlös von 33 Millionen Dollar, allein auf dem US-Markt. Und ganz sicher ist dieser Erfolg auch den Oscars zu verdanken. Oft finden solche Deals ihre Anfänge im Vorfeld der Verleihungen. Auf den Partys geht es also kaum ums bloße Vergnügen. Da werden Klinken geputzt, jeder versucht Kontakte zu knüpfen und Netzwerke zu bauen. Allein schon dort oder da eingeladen zu sein, hat Signalwirkung und zeigt, man ist dabei. Keiner kann es sich leisten, sich wirklich gehen zu lassen. Alkohol wird in Los Angeles sowieso kaum getrunken.

Für Schauspieler sind die Empfänge und Partys eine begehrte Gelegenheit, um sich zu zeigen. Nein, das ist nicht eitel, sondern fast ein notwendiger Teil des Schauspielberufs, zumindest für all diejenigen, die nicht zu den Top Ten gehören und sich deshalb bei den Castern und Regisseuren mal wieder in Erinnerung bringen müssen. Ein Kassenflop, und schon brauchen auch große Filmstars Jahre, um sich von der inoffiziellen schwarzen Liste zu kämpfen.

Man sieht die erfolglosen Schauspieler nicht. Die spielen ja nicht mit im Film. Auch die glücklosen sieht man nicht. Deren Szene wurde rausgeschnitten. Manchmal feiert jemand sein Comeback, dann ist er wieder dabei, strahlt, blickt aber mit tieferen Augen als früher. Guckt man genau hin, kann man vielleicht ahnen, wie viel Kummer überlebt worden ist, wie es sich anfühlen muss, wenn es über jemanden heißt, er sei nicht *bookable*, nicht einsetzbar, nicht beliebt genug, oder gar, dass er den Fluch habe, *the spell*, und einer Produktion nur Unglück bringe. Mickey Rourke, John Travolta, Robert Downey Jr., Mel Gibson und so viele andere könnten darüber so einiges erzählen. Das Klinkenputzen wird in dünner Luft nicht einfacher. Trotzdem hinauf, hinauf! Auf zum Feste und strahlen!

Ich hatte das Glück, eine Einladung zur Pre-Oscar-Party in die Villa Aurora zu bekommen. Sie wird von der Auslandsvertretung des deutschen Films, vom deutschen Generalkonsulat, dem Goethe-Institut und der Villa Aurora ausgerichtet, um den nominierten deutschen Kandidaten einen würdigen Empfang zu bereiten. Dieses Jahr ist Wim Wenders mit »Pina« für den besten Dokumentarfilm und zugleich besten Film nominiert. Weiterhin sind ein deutscher Kurzfilm (»Raju« von Regisseur Max Zähle) und die Kostümbildnerin Lisy Christl nominiert, die Kostüme für Roland Emmerichs großartigen Shakespeare-Film »Anonymus« genäht hat. Alle Beteiligten sind natürlich anwesend und mit ihnen die Produzenten und Verleiher, da es auch darum geht, die Nominierung des Films zu nutzen, um ihn auf den US-Markt zu bringen.

Die Villa Aurora diente Lion und Marta Feuchtwanger, nachdem sie vor dem Nazi-Regime auch aus Frankreich hatten fliehen müssen, zu Fuß die Pyrenäen überquert und schließlich von Portugal in die USA übergesetzt hatten, bis zu ihrem Tod als letztes Domizil. Das Haus, in dem Charlie Chaplin, Bertolt Brecht, Thomas Mann und viele andere regelmäßig zu Gast waren, wurde aufwendig restauriert und im Jahr 1995 als Künstlerresidenz eröffnet. Seitdem vergibt die Villa Aurora jährlich insgesamt bis zu zwölf dreimonatige Stipendien für Künstlerinnen und Künstler der Bereiche bildende Kunst, Komposition, Film und Literatur.

Die Stipendiaten entwickeln in der Zeit ihres Aufenthalts im Stadtteil Pacific Palisades ein Projekt, das dann vor Ort vorgestellt wird und in Zusammenhang mit dem Themenbereich Flucht und Vertreibung, den Feuchtwangers oder der eingeschränkten Meinungsfreiheit stehen muss. Seit 1995 haben rund 250 Stipendiaten diesen Ort belebt und sich und ihr Projekt inspirieren lassen von dem Geist dieses Ortes, der Landschaft und der US-amerikanischen Kultur.

Als ich zur Pre-Oscar-Party komme, wartet unten ein Shuttle, der mich tief hinein fährt in die Hügel von Pacific Palisades. Am Eingang wird jeder von den Gastgebern persönlich begrüßt. Durch Feuchtwangers Bibliothek geht es hinaus in den wunderschönen Garten, der schon mit Gästen gefüllt ist. Auf der Wiese werden Wim Wenders und seine Frau von Volker Corell fotografiert, dem auch mein Porträt in der Buchklappe zu verdanken ist.

Über einen Menschen, den ich unter den vielen Gästen entdecke, freue ich mich besonders, Petra Haffter. Petra ist eine deutsche Regisseurin und lebt seit achtzehn Jahren in Los Angeles. Man kennt ihre Reisereihe »Unterwegs in Amerika«, sie hat mehrere Tatorte gedreht und wird im Moment mit Preisen überhäuft für ihre ARTE-Reihe über die Farben der Wüsten. Petra unterrichtet an der *NY Film Academy* in Los Angeles, hat den Studiengang Dokumentarfilm aufgebaut und zwei Jahre geleitet, bevor sie sich wieder ihren eigenen Arbeiten widmete. Sie ist eine absolute Los Angeles-Spezialistin. Hauptberuflich allerdings ist Petra Reisende. In der Welt und im Kopf. Ein Mensch der Bewegung, der Veränderung. Vielleicht lebt sie aus diesem Grund in Los Angeles. Sie hat sich viel Zeit für mich genommen und mir ihre Stadt gezeigt, und auch an diesem Nachmittag in der Villa Aurora stellt sie mich vielen interessanten Menschen vor, denn was auch immer man in L. A. vorhat, *Networking* ist das A und O.

Ein paar Menschen erkenne ich aus Deutschland wieder. Viele aus dem Bereich Filmmarketing, kaum Schauspieler, keine Casting-Manager, die gerade einen großen Film besetzen, keine renommierten Agenten. Die Atmosphäre ist sehr entspannt und angenehm unaufgeregt. Im Garten wird geklatscht, und ich trete wieder in die Bibliothek. Villa Aurora. Wie eine Zuflucht, denke ich und atme tief ein. Immer noch.

Hollywood & Pentagon

Meine Güte, ist das raffiniert!, dachte ich, als ich im Kino saß und vor dem Hauptfilm die Vorschauen sah, die mir die bald anlaufenden Filme schmackhaft zu machen versuchten. Ein Werbefilm der Armee, der so gedreht und geschnitten war, dass man den Eindruck bekam, es handele sich um den Trailer eines demnächst erscheinenden Spielfilms. Eliteeinheiten der US Navy kämpften gegen internationale Drogen- und Waffenringe, befreiten eine CIA-Agentin und sahen dabei wahnsinnig gut aus. Es ging um Elite, Kameradschaft, Familie und um eine Heimat, für die es sich zu kämpfen lohnt.

Am Ende der Werbung stellte sich heraus, dass es gar keine Werbung war, sondern tatsächlich doch der Trailer für einen Film: »Act of Valor«, in dem die Hauptrollen ausschließlich mit aktiven *Navy Seals* besetzt sind.

Als ich mir den Film zwei Wochen später anschaue, bin ich nicht überrascht. Die Action- und Kampfszenen sind sehr gut gemacht. Das können die Soldaten natürlich, groß spielen müssen sie da nicht. Die Texte sind einfach und kurz. Der häufigste Satz ist: »Halte durch, Kumpel!«

Alle Navy Seals im Film haben Kinder oder werden gerade Vater. Sie haben verständnisvolle Frauen an ihrer Seite, besitzen Allgemeinbildung und Rechtsbewusstsein. Als jemand in der Truppe fragt, warum man den Kopf des russisch-philippinisch-muslimisch-mexikanischen Waffen- und Drogenrings noch nicht dingfest gemacht habe, bekommt er völlig unvermittelt und nur, um einen pseudopolitischen Seitenhieb gegen den Regisseur zu landen, zur Antwort: Er habe es wie Roman Polanski gemacht. Sei ins Ausland geflüchtet und abgetaucht. Die Helden rennen in Zeitlupe zu mächtiger Musik oder stehen bei Sonnenuntergang am Bug eines Flugzeugträgers und denken an ihre Familien, bevor es wieder darum geht, mit Hightech-Waffen ihr Vaterland und immer auch die Welt zu retten.

Das amerikanische Kino strotzt vor Gewalt und Waffen. Vor allem die großen Blockbuster fahren schweres Gerät auf. Kampfjets, Flugzeugträger, Hubschrauber, U-Boote. Je mehr, desto besser: Der sogenannte *Production Value* des Films erhöht seinen Wert – der Film sieht besser aus.

Wird in »Air Force One« Harrison Ford als Präsident in seinem Flugzeug entführt, macht es einfach mehr her, wenn ein ganzes Jagdgeschwader um seine Befreiung kämpft. Die Kosten für eine solche Szene gehen in die Millionenbeträge, und manches Projekt würde schon in der Vorkalkulation als nicht realisierbar zu den Akten gelegt werden, wäre da nicht das Pentagon, das den Filmemachern anbietet, das ganze Spektrum von Raketenwerfern über Drohnen bis hin zu Flugzeugträgern zur Verfügung zu stellen. Fachpersonal gibt es gratis sowie, wenn nötig, kohortenweise äußerst disziplinierte Komparsen. Lediglich Transport- und Treibstoffkosten müssen gedeckt werden.

Und nur einen ganz kleinen Haken hat das Angebot …

Laut des armeeeigenen Handbuchs »A Producer's Guide to U.S. Army Cooperation with the Entertainment Industry« muss der geförderte Film den Interessen der Armee dienen, die öffentliche Meinung über die US-Streitkräfte verbessern und die Rekrutierungspolitik der Armee unterstützen. Idealerweise sollte die Vorführung eines Films, in dem die Armee thematisiert wird, dazu führen, dass sich junge Männer massenweise registrieren lassen und Soldat werden wollen. Diesen Glücksfall gab es für die Armee tatsächlich einmal. Nach Jahrzehnten von Filmen über den Zweiten Weltkrieg und der Aufbereitung des Vietnamkriegs, nach unzähligen Filmen über die Gräuel des Krieges, über verdrogte Helden und geschädigte Kriegsheimkehrer, nach Filmen wie »Platoon« und »Apocalypse Now« kam »Top Gun« in die Kinos. Tom Cruise als wäscheweißer Elitekampfflieger, der während einer Piloten-Sonderausbildung auf andere Draufgänger und auf schöne Mädchen trifft und zwischen Flugübungen, Wettbewerb und Krieg (die Übergänge sind kaum spürbar) schließlich zu sich selbst findet. Tritt man der Air Force bei, das suggeriert der Film, sind einem Kameradschaft und Abenteuer garantiert. Und man hat jede Menge Spaß!

Das Konzept ging auf. Die Filmemacher landeten mithilfe des Militärs einen gigantischen Kassenerfolg, und das Pentagon hatte Zugang zu Millionen von jungen männlichen Zuschauern. In den Foyers der Kinos wartete die Armee mit Rekrutierbuden auf die begeisterten Kinobesucher. Der Umsatz von Ray-Ban-Brillen stieg um vierzig Prozent, und die Anfragen für die Pilotenausbildung bei der Navy um sagenhafte 500 Prozent.

Inzwischen hat jede US-Waffengattung, Armee, Luftwaffe, Marine und Marineinfanterie ein eigenes Filmbüro in Hollywood. Die zentrale Schnittstelle zwischen Pentagon und Hollywood ist das *US Air Force Entertainment Liaison Office*. Hier entscheidet man darüber, ob und wie sehr ein Film unterstützt wird. Es gibt verschiedene Kategorien der Förderung: von bloßer Beratung und der Versorgung mit Bildmaterial über die Dreherlaubnis an militärischen Einrichtungen bis hin zur Bereitstellung von jedem nur denkbaren Kriegsgerät.

Das US Air Force Entertainment Liaison Office geht recht offen mit dem Deal um. Auf seiner Webseite heißt es:

»Der Schlüssel für eine offizielle Unterstützung der Air Force ist, uns möglichst in einer frühen Entwicklungsphase des Projektes zu kontaktieren. Wir können dabei helfen, Handlung und Charaktere zu entwickeln und glaubwürdige Dialoge zu schreiben. Für eine Kooperation des Verteidigungsministeriums ist eine möglichst genaue Darstellung der Air Force nötig, zudem muss die Produktion dem allgemeinen Interesse des Verteidigungsministeriums oder der Nation dienen. Wenn Ihr Projekt das Bewusstsein der Öffentlichkeit bezüglich der Fähigkeiten, Geschichte oder der Mission der Air Force erhöht, sind wir bereit zu helfen.«

Das US Air Force Entertainment Liaison Office bietet Waffen jeder Art und Größe, weltweiten Zugang zu militärischen Basisstationen, technische Ratgeber und jede Menge Soldaten. Aber auch Dialogassistenten, Kostümberatung, Training für die Schauspieler und Zugang zu Archivmaterial. Man will das Drehbuch von Anfang an mitentwickeln, damit später keine Figuren verändert werden müssen oder ganze Szenen rausfliegen. Das Pentagon setzt früh an. Nicht nur beim Produkt, sondern auch bevor aus jungen Filmemachern bekannte Regisseure werden. Der Direktor der Filmhochschule in Pasadena, Ross LaManna, ist 2008 vom Militär in den Vorstand der *USAF Entertainment Liaison* berufen worden. Nun haben auch die Filmstudenten die Möglichkeit, in den Genuss der Zusammenarbeit zu kommen und mithilfe des Militärs den Produktionswert ihres Films in die Höhe zu schrauben. Möglicherweise wird ihr Film auf den Studentenfilmfestivals der Vereinigten Staaten oder gar weltweit zu sehen sein.

Sowohl für die kleinen als auch für die großen Filme, für die kurzen und die langen gelten die gleichen Kriterien. Entschließt sich der Produzent zu einer Zusammenarbeit, muss er zulassen, dass seine Story massiv frisiert wird. Keine korrupten Offiziere, keine geschädigten Helden, keine Soldaten, die am Sinn ihres Einsatzes zweifeln. Heikle Themen werden großräumig umfahren, und unrühmliche Kapitel in der Geschichte der Armee, selbst wenn sie der Wahrheit entsprechen, werden nicht erwähnt oder völlig umgeschrieben. Dialoge werden gebügelt, denn fallen zu viele unflätige Worte, wird der Film auf einen strengeren Altersindex gesetzt, sodass die Hauptzielgruppe der Armee, die unter 18-Jährigen, nicht ins Kino gelassen würde; zumindest nicht ohne Begleitung eines Erwachsenen.

Später werden die Dreharbeiten beobachtet und Sätze oder Szenen, die als inadäquat befunden werden, herausgeschnitten. Das ist der Deal. In den Genuss dieser Unterstützungen kommen eben nur diejenigen Projekte, die dem Ansehen des Staates und des Militärs dienen. Das ist faktisch Propaganda. Kritiker sehen die Meinungsfreiheit verletzt; geklagt hat bisher aber noch niemand.

Für die Produzenten stellt sich die Frage: Wie weit geht man, um einen Film realisieren zu können. Wie weit verbiegt man sich? In welchem Umfang will man einen Zugriff aufs Drehbuch gestatten? Wenn Philip Strub, der das USAF Liaison Office seit 1989 leitet, das Drehbuch nicht mag und sagt: »Seite 14 und 34 fliegen raus, oder ihr bekommt den Flugzeugträger nicht«, dann werden Drehbuchautor und Regisseur vielleicht vor Wut platzen. Aber der Produzent spart durch die Zusammenarbeit mit dem Militär viele Millionen und wird entsprechend Weisung geben.

Die Kriterien sind streng. Ein Beispiel wäre »Thirteen Days«, ein Film mit Kevin Costner über die Kuba-Krise, die sich während John F. Kennedys Amtszeit ereignete. Das Pentagon verweigerte die Unterstützung, weil der Film zeigt, wie sehr die damaligen Generale Präsident Kennedy in Richtung eines nuklearen Krieges gedrängt haben. In einem Brief an den Produzenten Peter Almond schreibt Philip Strub: »*Die beiden Generäle LeMay and Maxwell Taylor sind auf negative und unzutreffende Weise als unintelligent und kriegerisch dargestellt.*«

Die Dialoge der Schlüsselszene zwischen JFK und seinen Generalen sollten umgeschrieben werden. Der Produzent hatte aber gründlich recherchiert und Zugang zu Mitschnitten, welche die tatsächlich stattgefundenen

Dialoge wiedergaben. So konnte er nachweisen, dass die Dialoge historisch absolut korrekt waren. Aber auch das konnte das USAF Liaison Office nicht von seiner Haltung abbringen. Die Produzenten des Films weigerten sich, die Dialoge des Films und quasi die Geschichte der Vereinigten Staaten umzuschreiben, und so mussten sie »Thirteen Days« ohne Unterstützung des Pentagons realisieren.

Auch für den Blockbuster »Independence Day« wurde die Anfrage nach Unterstützung des Militärs selbst nach tief greifenden Drehbuchänderungen negativ beantwortet. Die US-Armee sei nicht überlegen genug dargestellt. Alle Versuche, den Angriff der Außerirdischen aufzuhalten, stellen sich im Film als hoffnungslos heraus. Die Geschwader der Air Force werden vom Himmel gefegt wie nervige Mücken, und selbst eine Atombombe kann dem angreifenden Raumschiff nichts anhaben. Das Verteidigungsministerium bemängelte, dass keine wirklichen militärischen Helden in dem Film auftauchen. Die Rettung der Welt wird letztendlich von einem Wissenschaftler (Jeff Goldblum) und einem alkoholkranken Agrarpiloten (Randy Quaid) herbeigeführt. Von Zivilisten! Auch die Figur des Soldaten Captain Steve Hiller, von Will Smith gespielt, war den Entscheidungsträgern ein Dorn im Auge. Zwar zerstört er am Ende heldenhaft das feindliche Mutterschiff, aber seine Charakterschwächen seien zu gravierend. Ein draufgängerischer Playboy, der mit einer Striptänzerin liiert sei, könne nicht die erwünschte Vorbildfunktion erfüllen.

Selbst dem Film »Tödliches Kommando – The Hurt Locker« (2008), dem oscargekrönten Porträt eines Bombenräumkommandos der US-Armee, wurde in letzter Sekunde die Unterstützung des Militärs entzogen, weil Regisseurin Kathryn Bigelow nicht bereit war, den Showdown umzuschreiben. Es verträgt sich nicht mit der Ethik der Streitkräfte, dass die Hauptfigur Sergeant William James sich nachts aus dem Basislager schleicht und auf eigene Faust den Feind bekämpft.

Der Film ist so gut gemacht, dass man schon sehr genau gucken muss, um die fehlende Ausstattung zu erkennen. Es sind, glaube ich, nur ein einziger Panzer im Bild und dieselben zwei, drei Jeeps in verschiedenen Situationen. Ansonsten ist die Kamera so nah an den Figuren, dass der Hintergrund verschwindet. In der Militärbasis sind hauptsächlich Innenaufnahmen zu sehen. Hubschrauber tauchen nur akustisch auf. Vielleicht ist die erzwungene Beschränkung mit ein Grund dafür, dass der Film so intensiv ist.

»Die machen Prostituierte aus uns, denn sie wollen, dass wir ihre Sicht der Dinge verkaufen«, sagt Oliver Stone über die Verknüpfung von Militär und Hollywood. »Sie wollen nichts mit der Kehrseite des Krieges zu tun haben. Die meisten Filme über das Militär sind reine Rekrutierwerbungen.« Oliver Stone hat mit seinen realistischen Kriegsfilmen »Geboren am 4. Juli« und »Platoon« gegen jedes Tabu verstoßen und sich beim Pentagon keine Freunde gemacht.

Auch Filme wie Coppolas »Apocalypse Now«, Kubricks »Dr. Seltsam oder: Wie ich lernte, die Bombe zu lieben« und »Full Metal Jacket«, Terrence Malicks »Der schmale Grat« und »Three Kings«, »Forrest Gump« und viele andere mussten ohne militärische Unterstützung produziert werden.

Dem gegenüber stehen »Top Gun«, »Jagd auf roter Oktober«, »Armageddon«, »Pearl Harbor«, »Air Force

One« und jüngst die erfolgreichen Comic-Verfilmungen »Transformers« und »Iron Man«. Selbst wenn man nur jeweils einen der Filme gesehen hat, kann man deutlich die unterschiedlichen Botschaften erkennen.

Dass das Militär versucht, über die Filmindustrie Menschen zu erreichen und für sich zu gewinnen, ist nicht neu. Selbst Folgen von »Lassie« und »The Mickey Mouse Club« wurden umgeschrieben, um die Armee für zukünftige Rekruten attraktiver zu machen. »Act of Valor« aber erreicht eine völlig neue Dimension der Propaganda. Das Pentagon hat sich frei gemacht von Hollywood. Der Film ist komplett von der Armee produziert und finanziert. Alle wichtigen Rollen sind mit tatsächlichen Navy Seals besetzt. Nur die Bösewichte werden von professionellen Darstellern gespielt. Das ist keine Liaison mehr, bei der das Pentagon versucht, formend einzugreifen, nein, das Militär produziert zum ersten Mal sein eigenes Hollywood. Die Soldaten können erzählen, wie sie gesehen werden wollen. Als bescheidene, liebende Familienväter, die nur ihren Job machen, wie jeder andere auch.

Der Film hatte ein Budget von lediglich zwölf Millionen Dollar. Eine so groß angelegte Produktion ist für die Summe eigentlich nicht machbar, aber es mussten weder Gelder für den Verleih von U-Booten, Drohnen, Flugzeugträgern und Jets gezahlt werden noch hohe Gagen für professionelle Schauspieler. »Act of Valor« hat schon am ersten Wochenende in den USA und Kanada 24,7 Millionen Dollar eingespielt und landete in der Jahresbestenliste 2012 auf Rang 39 der amerikanischen Kinocharts, knapp hinter Disneys »John Carter«, der laut Boxoffice mit 300 Millionen das 25-fache Budget hatte.

Canvas

So wie Film auf Fläche projiziert wird, stülpen wir L. A. unsere Ideen über. Die Stadt ist in der Tat oberflächlich, ihre Bewohner sind es jedoch nicht mehr als die Leute in anderen Städten – diese Thematik werde ich später noch ausführlicher untersuchen.

Die Flächigkeit liegt in der Natur der Stadt. Sie ist, immer wieder muss man sich das vergegenwärtigen, wenn man L. A. begreifen will, eine Stadt der Bewegung. Zeichen, Botschaften, Signale müssen aus der Bewegung heraus erkannt werden. Soll heißen, aus dem fahrenden Auto. Damit dies auch für die Werbung funktioniert, werden den Hochhäusern Leinwände übergestreift wie Strümpfe, sogenannte *Supergraphics*. Werbetafeln stehen quer zur Straße, stellen sich dem Vorbeifahrenden optisch in den Weg. Aber weil man sowieso kaum noch hinguckt, müssen die Werbungen aggressiver, größer oder heller werden, und so vergiften nun zunehmend elektronische *Billboards* das Gesicht der Stadt. Diese Lichttafeln tun weh. Im wahrsten Sinne des Wortes. 449.280 Leuchtdioden pro Tafel, von deren Verbrauch dreizehn Haushalte mit Strom versorgt werden könnten. Sie verpesten die Stadt nicht nur mit schmerzhaft hellem Licht, sondern auch mit Botschaften, Slogans, Aufforderungen. Alle acht Sekunden wird man neu beschossen von diesen *weapons of mass distraction,* den Massenzerstreuungswaffen, wie die Tafeln von ihren Gegnern genannt werden. Inzwischen sind die Proteste so laut geworden, dass die Stadtverwaltung zumindest keine Neuerrichtungen mehr erlaubt. An die hundert dieser digitalen Tafeln verteilen sich in der Stadt. 2006 schloss die Stadtverwaltung einen kompromisshaften Vertrag mit den Werbegiganten und gesteht sich nun zögerlich ein, damals einem wuchernden Polypen Zutritt ermöglicht zu haben. Sie wird trotz Verboten und Prozessen, in denen es um immense Sanktionen gegen die meist illegal errichteten Billboards geht, nicht Herr der Lage. Denn die Regelung ist widersprüchlich. Einige Werbungen dürfen in sogenannten *sign districts* angebracht werden, andere nicht. Den Staranwälten der Werbeindustrie gelingt es immer wieder, Lücken zu finden oder den Vollzug des Verbotes auf unbestimmte Zeit hinauszuzögern. Möglicherweise fließen auch größere Summen in die Stadtkassen als nur hundert Dollar Wartungssteuer pro Billboard. Denn die Aufstellfirmen haben bei sehr stark gebuchten digitalen Werbeflächen monatliche Bruttoeinnahmen von bis zu 128 000 Dollar.

Damit Warner Bros. ihren Kinofilm »Yogi Bär« legal bewerben durften, musste das Unternehmen der Stadt 42.636 Dollar für die Sondererlaubnis zahlen. Aber wen wundert das? Das, was viele als das Wahrzeichen der Stadt sehen, ist nichts anderes als Werbung. Die berühmten vierzehn Meter hohen Buchstaben auf den Hügeln sind nicht vollständig. Früher stand dort *HOLLYWOOD-LAND*. Das Schild war die Werbung einer Maklerfirma, die Grundstücke nördlich von Hollywood verkaufen wollte.

Ohne die massive Gegenwehr einiger Bürgerinitiativen, allen voran die *Ban Billboard Blight*, die versucht, die Stadt vor den visuellen Verschmutzungen der Werbeindustrie zu schützen, wäre Los Angeles inzwischen wahrscheinlich völlig überwuchert.

Sehr künstlerisch geht die *Billboard Liberation Front* vor, die sich eher anarchisch-humorig als juristisch gegen die Hirnwäsche der Werbebranche wehrt. Die Gruppe verwandelt die Billboards, indem sie Sprechblasen hinzufügt oder Slogans verändert und so die Werbung ad absurdum führt.

Der New Yorker Künstler Jordan Seiler mit seiner Public-Ad-Kampagne macht illegale Werbungen ausfindig und weißelt diese schlichtweg, um somit den öffentlichen Raum von der Dominanz der Werbung zu befreien und wieder zugänglich zu machen. Er und seine Helfer werden zwar ständig verhaftet, müssen aber jedes Mal ohne jede Disziplinarmaßname wieder auf freien Fuß gesetzt werden.

Projekte wie dieses fallen unter die Bezeichnung *Guerilla Art*, *Urban Art* oder *Street Art*. Ich habe vorher nicht viel über diese Kunst gewusst und mich über wahllos besprühte Hauswände, mit Münzen zerkratzte U-Bahn-fenster und die gesprühten Reviermarkierungen von Taggern oft geärgert. Wenn man nicht richtig hinguckt, wirft man leicht alles in einen Topf. Graffiti hat Mühe, aus dem Dunstkreis des Vandalismus herauszutreten. Es gibt unglaublich gute Künstler, und ihre Arbeit geht weit hinaus über das Claimabstecken rivalisierender Unterwelten.

Das aber, was als Street Art bezeichnet wird, hat nichts damit zu tun, dass irgendwo jemand seinen oder den Namen einer Crew hinsprüht. Street Artists arbeiten mit *Paste-ups* (mit Leim aufgetragene Papierflächen), *Stancils* (aus Papier, Holz oder Metall vorgefertigte Schablonen), mit Kacheln, Fliesen, Mosaiken, mit Farben aller Art oder selbstklebenden Stickern. Ihre Werke sind oft getränkt mit sozio-politischer Bedeutung und stellen einen künstlerischen Gegenpol zur omnipräsenten, den Alltag durchdringenden Werbung dar.

Oft richtet sich Street Art gegen Gentrifizierung, Konsumismus, Kapitalismus und öffentliche Ordnung. Meistens aber, ich will es nicht glorifizieren, wird auf eine Botschaft verzichtet, und das Werk ist einfach nur schön, lustig oder setzt ein trotzig-freches Ausrufungszeichen. Es gibt eine gewisse Rivalität zwischen Street Art und Graffiti. Graffiti sind nur mehr oder weniger kunstvoll hingekritzelte Namen, Buchstaben, sagen die Street Artists. Die Graffitigemeinde aber versteht sich als pur, rebellisch und unbestechlich. Gemein haben sie den Basiskonflikt, den die Nähe von Kunst und Vandalismus mit sich bringt.

Die Beschäftigung mit dieser Art von Kunst hat meinen Blick auf Städte verändert. Nie wäre mir sonst dieser Gullydeckel oder jener Brückenpfeiler aufgefallen, nie hätte ich einen Blick übrig gehabt für Architektur, die so alltäglich ist, dass ich aufgehört habe, sie wahrzunehmen. Die sich aufdrängende Werbung hat mich nie auf die schöne Rundung der Hausecke aufmerksam werden lassen, auf die Struktur der Mauersteine. Die Künstler fallen nicht über schönste Art déco-Villen her, sondern über Autobahnbrücken, Verteilerkästen und Unterführungen. Tote Industrie-Architektur wird belebt und aus dem reinen Funktionalismus gehievt.

Vor allem ist Street Art ein Dialog. Die vorhandenen Werke werden immer wieder modifiziert, übersprüht, »ausradiert«. Ein Dialog der Künstler untereinander, ein Dialog der Stadt mit dem Betrachter. Sie wispert ihm ins Ohr. Um zu hören, muss er bloß seine Augen aufmachen.

Inzwischen ist auch das Establishment aufmerksam geworden. Einzelne Künstler haben es längst in die großen Galerien und Museen geschafft. Allen voran Swoon, die mit ihren manchmal entrückt schönen Linoleumdrucken und vor allem ihren komplexen und filigranen Scherenschnitten als erste Street Art-Künstlerin in die heiligen Hallen des MoMa aufgenommen wurde. Swoon fing nach ihrem Kunststudium damit an, Werbeplakate, die sie verärgerten, zu modifizieren oder völlig zu überkleben. Später organisierte sie Gruppen, die frühmorgens auf einen Schlag zwanzig riesige Werbetafeln in einem Straßenzug mit ihren Arbeiten überklebten und somit die Straße völlig veränderten. Eine andere ihrer Aktionen bestand darin, nachts in U-Bahn-Zügen die kompletten Werbebanner gegen ihre Bilder auszutauschen. Ihrer Ansicht nach sind Werbeflächen öffentlicher Raum, den Menschen gegen ihren Willen ansehen müssen, weil sie nicht das Geld haben, über ihn zu verfügen.

Die Street Art-Künstler BLU und JR hingen in der Tate Modern, andere halfen nach, wenn die Museen nicht anfragten. Banksy hat seine Arbeiten eigenhändig ins New Yorker MoMa und Metropolitan Museum und in Paris in den Louvre gehängt. Unbemerkt vom Wachpersonal – das so darauf programmiert war, aufzupassen, dass nichts rauskommt, dass ihnen nicht auffiel, wie etwas dazukam. In der Tate Gallery in London flog der Schwindel erst auf, als nach einigen Tagen der Klebstoff an der Wand schwächelte und das Gemälde abrutschte.

Banksys Dokumentarfilm »Exit through the Gift Shop« wurde für den Oscar nominiert, und egal ob seine Undercoverauftritte nun inszeniert sind oder vielleicht sogar der ganze Inhalt des Dokumentarfilms, es ist ein sehr gut gemachter Film, in dem man viel über Street Art erfährt sowie über den virtuellen Hype und die Blasen der Kunstszene. Niemand weiß übrigens, wer Banksy ist und ob es sich um eine Person handelt oder um eine ganze Crew. Letztendlich ist es auch egal. »Er« jedenfalls gibt seine Anonymität nicht auf, und die Anerkennung der Straße scheint ihm nach wie vor mehr zu bedeuten als der Ruhm der sogenannten High-brow-Galerien.

Es lohnt sich, in den Art District zu fahren und nach den vielen unterschiedlichen Arbeiten Ausschau zu halten, die sich über den Bezirk verteilen. Ziemlich leicht zu finden sind die riesigen schwarz-weißen Porträts, mit denen der französische Künstler JR ganze Hauswände und Dächer tapeziert. 2011 gewann er den renommierten *Technology Entertainment and Design Award* (TED), und gerade hat er auch Berlin mit seiner Reihe *The Wrinkles of the City* verschönert – hausbedeckende Schwarz-Weiß-Porträts älterer Menschen.

Shepard Faireys Spuren schließlich findet man, wenn man zum Beispiel bei einem Besuch in der *Wurstküche* in Downtown die Augen offen hält oder die Rückseite der zuvor beschriebenen West Hollywood Library besucht. Nicht erst seit seinem »HOPE«-Plakat, auf dem er Barack Obama ikonisiert hat, ist er Legende. Inzwischen kann man in jeder Großstadt der Welt T-Shirts mit Drucken seiner »Obey the Giant«-Reihe kaufen.

Die meisten der bekannteren Street Artists scheinen unbestechlich, lassen sich nicht vom Kunstestablishment vereinnahmen und arbeiten trotz gut bezahlter Auftragsarbeiten weiter auf der Straße. Ihre Projekte werden ambitionierter, wie etwa bei JR, der die Mauer, die das Westjordanland von Israel abgrenzt, mit seinen Großporträts tapezierte. Einige dieser Künstler haben plötzlich das Geld, auch mal in Tokio, Berlin oder São Paulo ihre Spuren zu hinterlassen.

Es wäre nun eigentlich der Moment gekommen, Ihnen Street Art genauer zu beschreiben. Aber sie ist so vielgesichtig, dass es meine Fähigkeiten übersteigt. Ich möchte Sie ermuntern, selbst auf Entdeckungsreise zu gehen und auf Besuch in Los Angeles den Blick nicht zu sehr von den aufdringlichen Riesenwerbungen, Leuchttafeln, Neonlichtern oder Designershops fesseln zu lassen. Ich nenne Ihnen keine Adressen. Street Art taucht auf und verschwindet. Meine Hinweise wären nie aktuell. Nur so viel: in Venice, dem Art District in Downtown, am Rande von Little Tokyo oder in der Gegend um die Melrose Avenue zwischen Fairfax und La Brea wird man mit Sicherheit eher fündig als in den Wohnvierteln von Beverly Hills.

Das *Museum of Contemporary Art* (MoCa) ist das erste große Museum in den USA, das eine allgemeine Bestandsaufnahme von Street Art und Graffiti gewagt hat.

Mit Künstlern wie Banksy, Shepard Fairey, Fab 5 Freddy, Futura & Swoon und vielen anderen erzielte die Ausstellung »*Art in the Streets*« im MoCa die höchste Besucherquote seiner Geschichte.

Dennoch ist Street Art subversiv. Mit Genehmigung wird sie als Kunst geschätzt, ohne ist es Vandalismus. Und die Behörden sind da nicht zimperlich. Noch während der großen Street Art-Ausstellung im MoCa wurde *Invader* festgenommen. Der aufmerksame Städter hat vielleicht schon mal die kleinen Mosaiken gesehen, die Invader in Form von grob pixeligen *Pac-Man*-Monstern oder den angreifenden *Space Invaders* aus dem gleichnamigen Arcade-Klassiker an Hausecken und Fußgängerunterführungen klebt. Invader war unterwegs zur Ausstellung im MoCa und gerade dabei, in der nahen Umgebung seine Zeichen zu hinterlassen. Die Polizei ahnte, dass er als Stargast bald in der Gegend auftauchen würde, und nahm ihn fest, bevor er das MoCa betreten konnte.

Die Fassade des MoCa wurde zu »*Art in the Streets*« von BLU gestaltet, der auch in Berlin eine riesige trostlose Fläche verschönert hat. BLU malte Särge gefallener Soldaten an die Wand, die, statt wie sonst üblich, nicht mit der US-Flagge, sondern mit Dollarnoten zugedeckt waren. Allerdings befindet sich das MoCa gegenüber von einem Veteranenkrankenhaus. Bei aller Sympathie für Subversives war das dem Museumsdirektor Jeffrey Deitch dann doch zu politisch. Er ließ die Fassade seines Hauses sofort wieder weißeln.

Ich werfe in diesem Kapitel Werbung und Kunst nicht freiwillig in einen Topf; die Stadt tut dies mit ihrer Gesetzgebung. Das Department für Gebäude und Sicherheit hat ein Gesetz herausgegeben, um den öffentlichen Raum zu schützen und die visuelle Verschmutzung einzudämmen: das *Mural Moratorium*. Ursprünglich sollte damit der ungehinderte Wildwuchs der Werbeflächen beschränkt werden, vor allem der hochhausbedeckenden Werbungen, der sogenannten Super-Ads. Es ist der Stadt inzwischen gelungen, zumindest die digitalen Werbetafeln zu reduzieren; trotzdem unterscheidet der Gesetzgeber noch immer nicht zwischen Kunst und Werbung im öffentlichen Raum. Sämtliche Wandgemälde fallen unter die Kategorie Beschilderung, kleineren Geschäftsinhabern werden Strafen angedroht, falls sie die Malerei an ihrer Fassade nicht entfernen.

Der Aufwand, mit dem gegen Graffiti und gegen die Werke der Street Artists vorgegangen wird, ist immens. Täglich durchkämmen Reinigungsmannschaften das Gebiet zwischen Fairfax Avenue und La Brea, um Stromkästen wieder in ihren grauen Grundzustand zu versetzen. Wenn es auf dem Freeway mal wieder nicht so fließend läuft, hat man Zeit, an den Werbeplakaten vorbeizusehen, und dann erkennt man, dass das Betongrau der Fahrbahnbegrenzungen, der Brücken und der angrenzenden Mauern alle zwei Meter von frischem Grau übertüncht ist. Jedes noch so kleine *tag* wird sofort »ausradiert«. Die Verursacher werden nach Möglichkeit umgehend verhaftet.

Was das kostet? Jährlich werden insgesamt sieben Millionen Dollar fürs Ablaugen und Übermalen ausgegeben. Astronomische Summen, wenn man bedenkt, dass Los Angeles kaum einen Dollar übrig hat, um seine maroden Straßen auszubessern. Zugegeben, vieles ist wirklich Dreck. Es würde nur teilweise etwas nützen, wenn, wie manche fordern, ein Teil der Summe, die für die

Beseitigung von Graffiti ausgegeben wird, in Programme zur Schaffung von legalen Flächen investiert würde, um die Szene zu entkriminalisieren. Es geht natürlich nicht immer um Kunst, sondern oft um Revierpisserei, Testosteronabbau und Imponiergehabe. Aber besser die Kids sprühen, als dass sie auf noch dümmere Gedanken kommen.

Bisheriges Kosten-Highlight ist ein Schriftzug auf dem zubetonierten Flussbett des L. A. River. Genauer gesagt handelte es sich lediglich um drei Buchstaben. Die *Metro Transit Assassins* hatten dort ihr Kürzel hinterlassen: »MTA«. Diese drei Buchstaben sind eigentlich dem Logo der öffentlichen Verkehrsmittel entliehen, der *Metropolitan Transportation Authority*. Die Behörden schätzen, dass etwa 1100 Liter weiße und fast 400 Liter schwarze Farbe verwendet wurden, um dieses 600 Meter lange, drei Stockwerke hohe tag anzubringen. Kein Kunstwerk, aber das größte tag der Welt. Rundherum nur Lagerhallen. Keinen Menschen hat das eigentlich gestört. Aber dennoch heuerte die Stadt eine Firma an und ließ die drei Buchstaben entfernen. Und zwar für unfassbare 3,7 Millionen Dollar! Um das tag ökologisch korrekt zu entfernen, musste die beauftragte Firma einen kleinen Staudamm bauen, um das Flusswasser zu schützen, da die Farbe ja abgelaugt wurde. Die gereinigten Flächen wurden dann anschließend noch mit frischem Grau überstrichen. Alle zehn Mitglieder von MTA sind inzwischen verhaftet.

Im Gegensatz zu den Geschäftsleuten, die für die illegalen Werbetafeln und gigantischen Superwerbungen verantwortlich sind, wird mit den Street Artists und Graffiti-Künstlern nicht zimperlich umgegangen: Der achtzehnjährige Sebastian Perez musste für seine Sprühereien für zwei Jahre ins Gefängnis. Die Richterin hatte zunächst auf acht entschieden, ließ sich aber erweichen.

Die Super-Ads an den Hochhauswänden sind verboten, gegen jede einzelne noch bestehende Reklame muss ein Prozess geführt werden, der von den Staranwälten der Werbelobby dann ins Endlose verzögert wird. Die Neuaufstellung elektronischer Billboards ist inzwischen ebenfalls untersagt, doch die Werbefirmen umgehen diese Regelung, indem sie alte konventionelle Billboards einfach »modernisieren« und leuchten lassen.

Zwar bemüht sich das *L. A. Freewalls Project*, eine Organisation, die Hausbesitzer zu überzeugen versucht, dass sie die Wand ihrer Immobilie freigeben. Aber das Gesetz schert sich darum nicht. Wandmalereien fallen laut des Mural Moratorium unter die Schilderverordnung. Behörden dürfen somit bemalte Fassaden umgehend wieder weißeln, selbst wenn ein Hausbesitzer seine Außenwand offiziell der Kunst zur Verfügung gestellt hat.

Als das Mural Moratorium verlängert wurde, mietete der Street Artist Saber fünf kleine *Skywriting-Jets*, um den Himmel über dem Rathaus mit seinem Protest zu besprühen. »*End Mural Moratorium. Art is not a crime.*« Und dazu die Namen einiger Street Artists: »*Obey Revok, Tempt, MSK, LTS, Risky.*« Immerhin eine kleine Besserung ist in Sicht: Die Stadt schützt und konserviert nun inzwischen einige Wände mit älterer Street Art und vor allem Werke aus den 1960er- und 1970er-Jahren, weil sie die als künstlerische Schätze anerkennt. Damals nannte sich Los Angeles stolz Hauptstadt der Wandbilder. *Mural Capital of the World.*

Die Stadt der Engel –
Geist und Körper

Das *Pain Quotidien,* eine Bäckerei-/Bistrokette, ist ein guter Ort, um Businessgespräche zu beobachten und vor allem nach einem längeren Aufenthalt in L. A. die Sehnsucht nach gutem deutschen Brot wenigstens annähernd zu stillen. Ich frühstücke, als eine dicke Frau mit grundgütiger Ausstrahlung den Laden betritt. Mit ihr kommt eine junge Frau herein, bei der es sich augenscheinlich um ihre Tochter handelt, sowie eine Freundin. Sie wird meiner gewahr, tuschelt mit den beiden und blickt immer wieder freudestrahlend zu mir. Die verwechselt mich bestimmt mit irgendeinem Promi, denke ich, als sie zielstrebig auf mich zukommt. Wie schön es sei, mich zu treffen! Sie sei ganz aufgeregt. So jemandem begegne man ja nicht oft. Ich lächle souverän. Also hält sie mich tatsächlich für einen Filmstar, denke ich, und bin gespannt. Brad Pitt vielleicht oder Sting?

Die Frau berührt mich am Oberarm. Sie habe das schon vor dem Reinkommen gespürt, dass etwas Besonderes geschehen werde. Sieben Mal schon! Schon sieben Mal sei ich auf dieser Welt gewesen! Das sei sehr selten! Sie wisse so etwas mit Sicherheit. Tochter und Freundin nicken bestätigend. Mein Ego beginnt sich wohlig zu räkeln. Kein Promi zwar, aber doch wohl etwas Besonderes… Ihre Stimme wird vertraulicher: Ob mir klar sei, was das für ein Potenzial bedeute?! Na ja, zögere ich, nicht wirklich. Sie legt mir eine postkartengroße Visitenkarte in die Hände, mit schrecklich vielen Regenbogen und lila Sternennebel. Ich solle doch ganz dringend einen Termin bei ihr machen, sagt sie. Dann setzt sie sich an einen Tisch in der Nähe, an dem Tochter und Freundin bereits in die Speisekarte gucken, und nickt mir, während ich frühstücke, immer wieder optimistisch zu.

Wenn man durch Los Angeles fährt, fallen einem immer wieder Läden mit der Aufschrift *Psychic Reader* auf. Wahrsager. In fast jedem Häuserblock findet sich ein solches Geschäft. Kein Mensch versteht, wie die Wahrsager sich die teuren Mietpreise leisten können, zumal in einigen Gegenden die Wahrsagerdichte immens ist. Manche vermuten eine kriminelle Dachorganisation, andere beantworten meine Frage nach der Rentabilität schlicht mit: Drogenhandel. Der steckt in Los Angeles allerdings hinter allem, was den Leuten suspekt ist.

Es hat sich in den letzten Jahrhunderten nicht viel verändert: Wenn man vom Wahrsager, dem *psychic*, Antworten bekommt, die einem gefallen oder einen in der jeweiligen Lebenssituation bestätigen, dann hat man einen ganz tollen Schamanen, Seher oder Heiler gefunden. Wenn die Antworten Blödsinn sind oder unbequem, dann wurde man von einem Halunken aufs Kreuz gelegt. Von diesen

Klischees sind selbst Berichte in der *L. A. Times* nicht ganz frei. Die Technik des Betruges hat sich vermutlich ebenfalls nicht groß verändert in den letzten hundert Jahren: Nachdem eine Vertrauensbasis aufgebaut worden ist, prognostiziert der Wahrsager irgendwann ein dräuendes Unheil, dem man begegnen wird. Sehr übel. Könnte ein Kraftakt werden, aber möglicherweise ließe sich die Sache dennoch abwenden. Das würde dann allerdings eine Kleinigkeit kosten ...

So geschehen – und dies ist keine Ausnahme – in einem Fall, der 2011 vor Gericht verhandelt wurde: Eine 37-jährige Frau, deren Leben und auch Liebesleben nicht so verlief, wie sie es sich vorstellte, fragte eine Wahrsagerin um Rat. Diese stellte fest, dass die Klientin noch vor ihrer Geburt mit einem Fluch belegt worden war. Der ließe sich gegen Honorar entfernen. Als die Klientin nach zwei Jahren und insgesamt über 100 000 Dollar Honorar mit weiteren Zahlungen zögerte, sah die Wahrsagerin, dass der Fluch auf die Familie der Klientin überzuspringen drohte. Die angeklagte Wahrsagerin wurde des schweren Betrugs schuldig gesprochen, musste aber die Haftstrafe nicht antreten, sofern es ihr gelänge, in einem festgelegten Zeitraum die Summe zurückzuerstatten.

Diese üblichen Negativberichte sollen nicht darüber hinwegtäuschen, dass es tatsächlich Menschen mit außergewöhnlichen Fähigkeiten gibt. Wie und ob sich diese Fähigkeiten wissenschaftlich nachweisen lassen, sei dahingestellt. Aber auf eines kann man sich vielleicht einigen: nämlich dass Karten, Münzen, Sterne, Handlinien und Ähnliches Hilfsmittel sein können, die den Klienten dazu bringen, sich bestimmten Fragen zu stellen. Fast jeder in Los Angeles macht von dem vielfältigen Angebot Gebrauch und hat seinen persönlichen psychic, von dem er sich in spezifischen oder allgemeineren Fragen zu Beziehung, Karriere oder Geldangelegenheiten beraten lässt. Manche lesen aus Tarotkarten oder Handlinien, andere werfen Münzen oder Knochen. Möchte man eine Krankheit nicht schulmedizinisch behandeln lassen, versprechen *medical intuitives* die Verbindung zwischen Körper und Geist zu klären. Oder man lässt sich einfach mit einer Chakra-Reinigung von allem belastendem Dreck reinigen.

Wenn die Kommunikation hakt, kann ein Medium sich mit Verstorbenen in Verbindung setzen, noch offene Konflikte lösen helfen oder den Trauerprozess unterstützen. Falls man sich mal mit seinem Hund aussprechen möchte, so dienen Tierkommunikatoren als Verbindung zwischen dem Klienten und seinem Haustier. Es gibt sogar Engelorakel, die Botschaften aus höheren Dimensionen zu vermitteln wissen.

Cornelia Funke erzählte mir, dass in dem Kaufvertrag ihres Hauses ein Passus steht, der erklärt, dass das Haus frei von Geistern sei. Sie hat es vielleicht etwas poetisch umschrieben, aber wenn das jemand darf, dann sie. Ein Makler ist in Kalifornien gesetzlich dazu verpflichtet, dem Kaufinteressenten Mitteilung zu machen, falls in der Immobilie ein gewaltsamer Tod stattgefunden hat.

Man lässt dann vom Kauf ab oder engagiert einen *spiritual space clearer*, um die Immobilie oder aber auch das Auto oder das Geschäft von negativen Energien zu befreien. Ghostbusters!

Ich besuche Laura Bushnell. Sie empfängt in ihrem Privathaus und wurde mir von einem Freund empfohlen. Ihre Webseite ist klar und fast sachlich, man kann sich direkt online in den Terminkalender eintragen. Die 175 Dollar für dreißig Minuten sind bitter, aber ich verbuche das unter dem Aspekt der notwendigen Recherche und fühle mich ein wenig an Tiziano Terzanis »Fliegen ohne Flügel« erinnert.

Eine schöne ältere Dame. Ich bin schon erleichtert, dass sie keinen Wellness-Säuselton anschlägt. Der Raum erinnert an einen Lichthof in einer toskanischen Villa und ist karg, aber gemütlich eingerichtet. Ich entdecke ein paar Engelsstatuen, ein Bündel wilden weißen Salbei, mit dem man einen Raum von negativen oder störenden Energien reinigen kann. Auf dem Tisch liegen Tarotkarten, einen Buddha gibt es auch. Ich sage ihr, es handele sich um meinen ersten Besuch bei einer... ich weiß gar nicht, wie ich sie nennen soll. Psychic klingt despektierlich. Außerdem habe ich gar keine wirklich konkreten Fragen. Sie schaut sich erst einmal meine Farben an, sagt sie, und betrachtet mich, als säße etwas auf meinen Haaren.

Gelb! Und außen herum Pink. Mein drittes Auge ist sehr groß und herzförmig!

Dann soll ich die Karten mischen und mit der linken Hand einige ziehen.

Eine Zeit lang plappert mein interner Skeptiker Halbsätze wie »Die hat mich bestimmt gegoogelt« oder »Das hat ihr unser gemeinsamer Bekannter vielleicht erzählt«.

Ich überlege, ob sie wirkliche Fähigkeiten hat oder ihre Rolle nur gut spielt. Bis ich merke, dass diese Frage eigentlich völlig unerheblich ist. Die Karten, die Kartenlegerin, die ganze Situation ist nur ein Gefährt, das mich in Bewegung bringen soll. Laura Bushnell erinnert mich daran, bestimmte Aspekte meiner Persönlichkeit nicht unter den Teppich zu kehren, und auch daran, meine Qualitäten zu pflegen.

Wie nirgendwo anders achtet man in L. A. auf Körper und Geist, ist man im Einklang mit der Natur, in Kontakt mit seiner Mitte. Man kauft bei *Whole Foods* und ernährt sich oft vegan. In jedem Yoga-Studio schicken die Übenden Licht in ihre Chakren und chanten Silben, deren Bedeutung ihnen fremd ist. In jedem Schaufenster, das suggerieren soll, dass es drinnen im Laden Dinge gibt, die einem guttun, steht ein Ganesha oder Buddha, in den Spas sowieso. Die Tattoomeister in Silver Lake sind spezialisiert auf wütende hinduistische Gottheiten. *OM, PEACE* und *AMEN,* so tönt es von allen Seiten.

Mein Spott ist ungerecht, und ich beschreibe nur diese eine Gruppe von Menschen, mit denen sich L. A. gern nach außen präsentiert. Die Gesunden, Schönen, ewig Jungen. Die Surfer, Yoga-Maniacs, die Jogger, die noch vor der Arbeit durch die Canyons laufen. Die Glücklichen und gut Gelaunten. Menschen, die genug Zeit und Geld haben, um es sich leisten zu können, auf der Suche nach sich selbst zu sein. Der Großteil der Bewohner sind jedoch die Arbeiter. Die Menschen kämpfen hart, um ihren Job zu behalten, ihre Familien zu versorgen, vielleicht Schulgeld zu verdienen. Nicht wenige arbeiten zusätzlich in einem zweiten Job und träumen davon, ihren Kindern den Luxus einer freien Wahl zu ermöglichen. Es gibt die, die haben, und die, die nicht haben. Immer wieder höre ich diesen Satz. Diese Menschen haben nicht die Zeit und Kraft, nach ihrer Mitte zu suchen, sich zu entspannen, mal an sich zu denken. Mit

Spiritualität wird ganz profan umgegangen: Zu Hause hängt ein Kruzifix oder eine bunte Madonna mit blinkendem Heiligenschein: *Nuestra Señora de la Misericordia.* Und sonntags besucht man die Messe. Das muss reichen.

Los Angeles hat hinter Tel Aviv, New York und Haifa die viertgrößte jüdische Gemeinde der Welt, und ganz allgemein gibt es wohl keine Religion, die hier nicht zu finden ist. Der römische Katholizismus ist unter den christlichen Religionsgemeinschaften die am stärksten vertretene, was sich dadurch erklärt, dass die Einwohner aus Latein- und Südamerika inzwischen eine größere ethnische Gruppe in Los Angeles bilden als Schwarze und Weiße zusammen. Dann gibt es noch die Baptisten, Lutheraner, Methodisten, Zeugen Jehovas, Presbyterianer, die Adventisten des siebten Tages, die Episkopalkirche, die unabhängige nicht-charismatische Kirche und etwa hundert weitere Splittergruppen!

Die Frage, warum Kalifornien solch ein spiritueller Ballungsraum ist, lässt sich allein mit der ethnischen Vielfalt nicht befriedigend erklären, führt aber zu interessanten Vermutungen: Vielleicht hat es etwas mit der Westwärtsbewegung der Menschheit zu tun? Von Spanien, später dann auch vom Norden Europas kommend, ging es in die Neue Welt. Dort angekommen, zog man noch immer weiter nach Westen, denn im Westen, so hieß es, da finde man Gold (eine meiner schönsten Kindheitserinnerungen ist übrigens »Westwärts zieht der Wind« mit Lee Marvin, Clint Eastwood und Jean Seberg). Irgendwann ging es nicht mehr weiter nach Westen. Da stand der Mensch nun an der Küste und konnte sich von dort eigentlich nur noch in den Himmel träumen. Ein Sprungbrett für den Geist. Und beim Träumen blieb es nicht: Der Goldrausch ließ die Menschen nach Kalifornien strömen; mit ihnen kamen Religionen aus aller Welt. Was die meisten gemeinsam hatten, war, dass sie alles hinter sich gelassen, kein Koordinatensystem mehr hatten. Sie brauchten etwas, woran sie sich festhalten, an das sie glauben konnten.

Etwas später waren dann auch für das physische Abheben die Bedingungen ideal: reichlich Arbeit, aufblühender Kapitalismus und ein Klima, das es ermöglichte, das ganze Jahr draußen zu arbeiten.

1906 baute Glenn Martin das erste kalifornische Flugzeug, und wenige Jahre später gab es eine prosperierende Flugzeugindustrie, die vor allem mit den Kampffliegern von Lockheed und Douglas von großer Bedeutung für den Zweiten Weltkrieg war. Diese vorhandene Infrastruktur und herausragende wissenschaftliche Forschungszentren wie das *California Institute of Technology* bildeten den Nährboden für die Raumfahrt- und Raketenindustrie. In den späten 1960er- und frühen 1970er-Jahren beschäftigte dieser Industriezweig fast eine halbe Millionen Arbeiter und war somit der bedeutendste in Kalifornien. Nach Ende des Kalten Krieges verringerten sich die Verteidigungsausgaben drastisch und hatten Massenentlassungen zur Folge. Aber selbst heute arbeiten noch an die 200 000 Menschen in diesem Bereich, und auch wenn die NASA die *Space Shuttles* an der Ostküste startet, geplant und entwickelt wird hier. Die Hauptstadt der Imagination. Kopfkino.

Ein anderer Erklärungsansatz für die Spiritualität der Angelenos ist der Tanz auf dem Vulkan, die Naturkatastrophen, das ewige Damoklesschwert eines bevorstehenden Erdbebens. Die Stadt hat sich auf der krustigen Haut eines großen Tieres niedergelassen, das sich irgendwann furchtbar schütteln wird. Es gibt nicht viele vergleichbare Landstriche, auf denen eine solche Menschendichte auf derart gefährlichem Boden lebt. Japan vielleicht. Einzigartig sind der Optimismus und die Lebenslust in dieser Todesnähe. Ich übertreibe nicht: Die Geologen sprechen in diesem Zusammenhang von einer Erdbebenschuld. Die Erdbebenhäufigkeit der vergangenen Jahrtausende war sehr viel höher als in den vergangenen 200 Jahren. Das mag beruhigend klingen, bedeutet aber das Gegenteil. Es gab, seit Los Angeles existiert, viel zu wenige Beben. Die Stadt liegt bekanntermaßen an der mächtigen San-Andreas-Spalte und ist durchzogen von vielen kleineren Verwerfungen. Jedes kleinere Beben hätte die Spannungen in den tektonischen Platten abgebaut, aber genau diese Beben blieben eben aus. Die Spannung baut sich stattdessen weiter auf, man wartet auf den großen Knall. Zusätzlich zu dem starken Northridge-Beben im Jahr 1994 hätten sich rein rechnerisch in den vergangenen 200 Jahren siebzehn Beben mittlerer Stärke ereignen müssen. Es gab aber nur zwei!

Nach den katastrophalen Erschütterungen in Japan im Frühjahr 2011 sagten mir Freunde in L. A. gedämpft: Das war eigentlich unser Beben.

Man lebt mit der Angst. Verdrängt sie entweder völlig oder versteht umso mehr, dass alles, das Leben selbst, temporär ist. Die Oberfläche des Meeres wird jäh durch einen springenden Wal durchbrochen, die Wälder können jeden Augenblick in Flammen aufgehen, die Berge verändern sich ständig (vor allem wenn man nicht die letzten hundert, sondern tausend Jahre anschaut). Die ruhige Fläche vibriert und bebt. Am Wilshire Boulevard gibt es ein *tar hole*, ein Loch, aus dem stinkendes Pech austritt. Die Dinosaurier daneben sind nur steinerne Nachfahren, aber trotzdem wird man gewahr, dass tausend Jahre keine allzu lange Zeit sind und die Erde, auf der die Stadt steht, noch lange nicht zur Ruhe gekommen ist. Eine Stadt der Bewegung.

Vielleicht haben die Menschen in L. A. daher einen Sinn für die Endlichkeit der Dinge entwickelt. »*Here today, gone tomorrow*«, diesen Satz hört man oft. Die Häuser sind in ihrer Substanz selten für die Ewigkeit gedacht. Fassaden aus Holz werden mit einem Steinlook überzogen. Was die Statik angeht, werden die Häuser nach neuesten Erkenntnissen so gebaut, dass sie Erdstöße ausbalancieren können. Bewegte Stabilität ist dauerhafter als statische, auch im Leben: Nirgends zieht man so häufig um wie hier.

Die wenigsten üben einen Beruf aus, dem sie sich bis zur Rente widmen. Man stellt sich etwas breiter auf und hat mehrere Berufe. Die Launen ändern sich, die Vorlieben, Lieben. Darauf kann man sich verlassen. Das Leben ist so unberechenbar wie der Verkehr auf dem Freeway, und wenn etwas Unerwartetes von einem gefordert wird, macht man eben schnell den passenden Crashkurs oder nimmt sich einen Coach.

Ich habe eine Verabredung mit einem Sexualtherapeuten und freue mich sehr auf dieses Wiedersehen. Ich kenne Diego Wallraff eigentlich als Theaterkollegen, wir haben in mehreren Stücken auf der Bühne des Hamburger Schauspielhauses miteinander gespielt und auch schon zusammen gedreht. Dann ist er nach Los Angeles gezogen, und wir sind uns nur noch sehr selten begegnet. Ich warte in einem vegetarischen Restaurant in Santa Monica, und Diego betritt mit einer unglaublich frischen und unaufgesetzten Energie den Raum. Er ist glücklich, glaube ich. Nach einer kräftigen Umarmung und der Essensbestellung frage ich nach seinem Werdegang. Was hat ihn diese ganz andere Richtung einschlagen lassen?

Das ist nicht wirklich abwegig, antwortet er. Als gelernter Schauspieler hört man nie auf, an sich zu arbeiten, hört man nie auf, das Material zu erforschen. Den Körper und den Geist und vor allem das Zusammenspiel von beidem. Aus diesem Forschungsinteresse studierte Diego Yoga und Pilates. In beidem ist er Lehrer geworden. Er öffnete mit seiner damaligen amerikanischen Frau ein Studio in Los Angeles, jobbte nebenbei im *Four Seasons L. A.* als Masseur und lernte, die hungrigen Annäherungsversuche einiger Gäste elegant und humorig auszutänzeln. Nicht aus Bedürftigkeit, sondern aus Liebe und Neugierde hatte er bald erste Kontakte zu Sexualtherapeuten. Er hatte Glück und traf auf die zurzeit bedeutendsten Lehrer.

Je tiefer man in die Materie eindringt, desto klarer wird, dass die sexuelle Energie eine der substanziellsten ist, die den Menschen bestimmen. Wenn diese Energie nicht frei fließt (was sie meiner Meinung nach bei den wenigsten tut), ungenutzt ist oder gar blockiert, sind alle anderen Wesensbereiche gestört oder können zumindest nicht ihr volles Potenzial entfalten. Fast so, als würde man nur halb atmen. Man kann damit leben und sich sogar daran gewöhnen. Aber man atmet eben nur halb.

Diego ist begeistert von L. A. und empfindet die Stadt als spirituelles Mekka. Zwar dreht er immer wieder Filme, auch in Deutschland, gleichzeitig hat er sich aber inzwischen einen festen Klientenstamm für sexualtherapeutische Körperarbeit und SkyDancing-Tantra aufgebaut. Mein anfängliches Befremden weicht. Diego wird nicht von Klienten aufgesucht, die Lust haben, sondern von solchen, die keine Lust haben oder denen der Zugang zu ihrer Lust versperrt ist, sei es durch Kopflastigkeit, Traumata, Desorientierung oder Alter.

Chinesische Ärzte können an Iris, Zunge oder Puls feststellen, welches Organ geschwächt ist. Es gilt als gemeinhin anerkannt, dass bestimmte Zonen in der Fußsohle bestimmte Regionen des Körpers wiederspiegeln, die man mit Reflexzonenmassagen erreichen kann. Und genau so haben aufgelöste Verspannungen im Beckenboden eine Befreiung in anderen Regionen des Körpers zur Folge. Aber leider auch umgekehrt. Es gibt ja eigentlich kaum etwas, das so sehr zwischen Körper und Seele vermittelt wie ein Orgasmus. Jeder, der schon einen erlebt hat, weiß, wenn er nur körperlich passiert, ist es nur halb so schön. Und nur im Kopf macht er auch nicht wirklich Spaß. In diesem fragilen Bereich zwischen Körper und Seele bewegen sich Therapeuten für Körper und Psyche ebenso wie Theaterschauspieler und Sänger. Man kann auf diesem Gebiet tiefe therapeutische Effekte erzielen, und wenn es Diego gelingt, mit seiner Arbeit das Glück und die Lebensqualität anderer Menschen zu vergrößern, verdient er meine tiefste Bewunderung.

Aber es gibt noch einen anderen therapeutischen Zugang, auf den sich Diego spezialisiert hat: Klang. Seine Praxis ist gefüllt mit glänzenden Klangschalen in allen Größen, zudem gibt es einen mächtigen hängenden Gong. Ich lege mich auf den Boden, und Diego gibt mir eine kleine Demonstration, stellt Klangschalen um mich herum und bringt sie zum Schwingen. Ich schließe die Augen und bade in Klang. Wirklich, es fühlt sich an, als würde mein Körper gereinigt, während der Geist endlich mal zu plappern aufhört. Mir kommen die Tränen, nicht aus Trauer, sondern weil ich tief berührt bin und loslasse.

Auch der zurzeit wohl berühmteste Yoga-Guru der Welt lebt inzwischen in L. A. Bikram Choudhury wurde 1973 auf Drängen Shirley MacLaines von Präsident Nixon in die USA eingeladen und wohnt seitdem in Los Angeles. Er hat 26 Stellungen aus dem *Hatha Yoga* in eine bestimmte Reihenfolge gebracht und praktiziert diese in einem auf 41 Grad erhitzten Raum. Er nennt seinen Stil *Bikram Yoga* und hat seine Erfindung durch Franchising gewinnbringend populär gemacht. Wer nicht in der Lage ist, einmalig 10 000 Dollar und weitere 500 Dollar für die Lizenz zu zahlen, darf den Namen Bikram nicht verwenden und spricht in der Regel nur von *Hot Yoga*.

Auf Bikrams Geburtstagsparty in dem nobelsten Viertel von Beverly Hills erzählt man mir von den vielen Rolls Royce, die er sammelt. Seine Armbanduhr entdecke ich selbst – sie ist auch schwer zu übersehen. Aber so liebevoll, wie Bikram mit seiner Familie umgeht, ist klar, was ihm wirklich wichtig ist. 68 Jahre alt ist er geworden. So einen Körper hab ich mir mit 32 schon gewünscht. Natürlich will ich sein Yoga kennenlernen, und tatsächlich lädt er mich ein, seine Klasse zu besuchen.

Eine Woche später ringe ich in seinem Studio nach Luft. Der Raum ist auf 41 Grad erhitzt und brechend voll. Bikram steht in knapper Badehose und mit seiner Uhr am Handgelenk auf einem Podest und beschreibt die Yoga-

Positionen, Asanas, bevor sie von den Praktizierenden ausgeführt werden. Man fühlt sich trotz der vielen Menschen in Raum direkt angesprochen. Bikram steckt an mit seiner Euphorie und klingt ein wenig wie ein Auktionator, wenn er die Übenden ermutigt, tiefer, weiter, genauer in die Dehnung zu gehen. Die Erholungsphasen füllt er mit Anekdoten über die vielen Berühmtheiten, die zwanzig Jahre länger gelebt haben, weil sie sein Yoga praktizierten. Zu seinem Bedauern war Elvis zu stur. Er wollte Privatstunden bei sich zu Hause und nicht in Bikrams Studio. Zwei Wochen später starb der King. Drei Idole hat Bikram: seinen Guru, Jesus und Elvis – und so wirkt er auch. Indisch, mit ein bisschen viel Glitter, aber einem großen Herz.

Fast ebenso legendär ist Ana Forrest, die den Fokus ihrer Yoga-Praxis darauf lenkt, die Willensstärke zu trainieren, physische und emotionale Blockaden zu beseitigen. *Green Baret of Yoga* nennen sie manche – in Anspielung auf die gleichnamige knallharte Spezialeinheit der US Army.

Meine Furcht vor ihrem Ruf verwandelt sich allerdings schnell in tiefe Bewunderung: Ihr Yoga ist fein und sehr genau. Sie treibt einen immer wieder aus der eigenen Komfortzone, und trotzdem fühlt man sich nicht wie im Bootcamp. Fünf wunderbar geschulte Assistenten sorgen dafür, dass sich der Unterricht trotz des Andrangs sehr persönlich anfühlt. Sehr körperlich, wenig spirituell, aber ich bin begeistert.

Fast ausschließlich spirituell, aber nicht weniger begeisternd sind meine Stunden bei Guru Singh. Er redet eine Stunde und macht dann zwanzig Minuten Yoga, mit Schwerpunkt auf Atem und Imagination. Ganz was anderes als meine Erlebnisse bei Ana Forrest, aber manche sagen, das sei das wahre Yoga. Ich muss zugeben, mir fehlte der körperliche Aspekt ein wenig, aber sein Vortrag hat es in sich. Mit der Schärfe eines Skalpells schält Guru Singh die menschliche Psyche frei und weist mit feiner Ironie auf die raffinierten Tricks unseres Egos hin, bestimmte Aspekte NICHT zu sehen. Seine Lectures lassen sich bei iTunes übrigens als kostenlose Podcasts abonnieren.

Yoga für Mütter, Kinder, Väter, Yoga für den Frieden, für Athleten, HIV-Positive, Jogger. Yoga zum Abnehmen, Vokal-Yoga, Yoga für Depressive, Yoga gegen Skoliose, Yoga gegen Kriegstraumata, Yoga für Surfer, Lachyoga, Gesichts-Yoga. Jede Kombination scheint denkbar. Ich habe mal eine *Yoga for Runners*-Stunde besucht, um zu erfahren, was das Besondere daran ist. Etwas irritiert war ich dann, dass neben mir nur noch zwei ältere Damen auf den Beginn der Stunde warteten. Plötzlich sprang die Tür auf, zwanzig verschwitzte, rotgesichtige Läufer füllten den Raum und lagen wenig später immer noch japsend auf ihren Matten. Der Schwerpunkt der Stunde lag auf der Dehnung des Musculus Gastrocnemius, der Tibiali und der Hamstrings, der hinteren Oberschenkelmuskulatur – Yoga für Jogger! Obwohl mir die Arbeit an diesen Muskelgruppen immer guttut, wollte sich diesmal keine tiefe Befriedigung einstellen.

Es gibt in Los Angeles ein latent wohlwollendes Grundinteresse, eine den Angelenos eigene große Neugier allem Neuen gegenüber. Aber die Entscheidung, mit beharrlicher Ausdauer ausschließlich einen Weg zu gehen, scheut man. Ist man in L. A. zu ungezwungen und zu wohlig, um eine wirklich tiefe Spiritualität zu entwickeln? Zu bequem?

Neugierde, Aufgeschlossenheit und die Vielfalt der Möglichkeiten machen Los Angeles zu einer spirituellen Hochburg, aber genau diese Faktoren limitieren die Menschen auch. Alles ist wahnsinnig interessant, alles wird angeschaut, betastet wie von neugierigen Kinderhänden. Dieses Überangebot macht fahrig, beliebig. Man lässt schnell los, wenn der Blick vom Neuen eingefangen wird (und im Blickefangen ist man nirgends auf der Welt so gut wie hier).

Aber auf der anderen Seite übt man auf eine sehr spielerische Weise den Umgang mit Unbeständigkeit. Woanders muss man lange meditieren, um die Vergänglichkeit so akzeptieren zu können, wie man es hier tut. *Here today, gone tomorrow.*

L. A. ist eine extrem junge Stadt mit jungen, schönen Menschen. Diese Feststellung ist genauso ein Klischee wie das der gepflegten modebewussten Menschen in Paris oder der schicken Jugend auf den abendlichen italienischen Piazze. Aber es trifft zu. Man legt in L. A. großen Wert auf das Erscheinungsbild. Es ist einerlei, ob die Menschen zu der Einsicht gekommen sind, dass man Körper und Geist pflegen sollte, oder ob es eher damit zu tun hat, dass man in dieser Stadt immer bereit sein muss. Bereit für den *Call of Duty*, bereit fürs Casting, für das nächste Vorstellungsgespräch. Man ist *alert, ready to go*, jederzeit bereit. Und dafür muss man fit sein und / oder gut aussehen.

So wie die Menschen in Peking allmorgendlich in den Parks Tai-Chi üben, füllen sich in L. A. nach Sonnenaufgang die Canyons und Strände mit Läufern, Inlineskatern,

Trainingsgemeinschaften. Die Fitnessstudios sind eigentlich durchgehend gut besucht, und ohne die Surfer ist Los Angeles nicht denkbar. Aber das war schon immer so. Was aber neben Yoga, Yoga und nochmals Yoga zurzeit noch boomt, sind vor allem zwei Trainingsmöglichkeiten: Fahrradfahren und *Bootcamps*.

Es gibt Fahrräder in allen denkbaren Formen. Alte Räder aus den 1950er-Jahren, tiefergelegt wie Dennis Hoppers Chopper (fast schamvoll denke ich an das Bonanza-Rad meiner Kindheit), Citybikes, die man stundenweise mieten kann, um die drei Strandmeilen zwischen Santa Monica und Venice zurückzulegen, oder Rennmaschinen, mit denen man über den Pacific Coast Highway jagt. Mountainbikes für die Canyons und natürlich die Prestigeobjekte der Gang-Jugend: Fahrräder aus den Werkstätten von Mercedes, BMW oder Ferrari. Beliebt sind die Fixies mit nur einem Gang, das Rad, das auch ich mir gekauft habe. Die New Yorker Fahrradkuriere benutzen es für die Rushhour in Manhattan, und obwohl diese einfachen Räder bei den Ausmaßen von L. A. nicht sonderlich praktisch sind, gelten sie als hip.

Sich hier mit dem Rad in den Verkehr zu stürzen ist lebensbedrohlich, und so dienen diese Luxusräder in der Regel eher als Sitz- und Vorzeigeobjekt beim Abhängen mit den Homies.

Als Bootcamp bezeichnete man ursprünglich Trainingslager für Rekruten, die ihre militärische Grundausbildung erhielten, und auch Umerziehungslager für schwierige oder straffällige Personen wurden so genannt. *Fitness Bootcamps* werden von Fitnesslehrern oder oft auch von ehemaligen Militärs geleitet, und der motivierende »Tritt mit dem Stiefel« ist hier eher mental gemeint.

Ausdauer, Intervall- und Krafttraining werden kombiniert mit Mannschaftssport und finden in der Regel im Freien statt. Gearbeitet wird mit einfachsten Mitteln, Baumstümpfen, Autoreifen, Seilen, Sandsäcken, dem Eigengewicht des Körpers. Wer sich im Fitnessstudio langweilt oder dort nicht an seine Grenzen kommt, holt sich hier noch einen Extrakick. Die Trainer sind oft militant streng, ein gewisser Gruppendruck ist willkommen. Man trainiert in Paaren, kleinen Teams zu viert oder fünft oder in zwei großen Mannschaften gegeneinander. Wenn man morgens am Strand zuschaut, mit welcher Begeisterung sich die Beteiligten durch den Zuckersand quälen, angefeuert von den aufmunternden Zurufen des eigenen Teams, wird klar, dass hier Aspekte zum Tragen kommen, die vielen Fitnessbegeisterten im Studio fehlen: Teamgeist und spielerischer Wettbewerb, positiver Gruppendruck und sozialer Kontakt.

Wer so exzessiv seinen Körper trainiert, möchte sich in der Regel ebenso ausgiebig belohnen. Und wieder kommt man dabei in den vollen Genuss der ethnischen Vielfalt: Thai-Massage, chinesische Reflexzonenmassage, koreanische Spas, russische Saunen, heiße japanische Bäder, hawaiianische Lomi-Lomi-Massagen, indische Ayurveda-Behandlungen. An die 500 Spas verteilen sich über Los Angeles (dem gegenüber steht allerdings die gleiche Anzahl von Hamburger-Restaurants, wobei nur die Ketten mitgezählt sind. Dies nur, um das Gesamtbild nicht zu verzerren).

Ich kenne bei Weitem nicht alle, aber die Spas in Koreatown sind mir die liebsten. Es ist jedesmal ein Fest, wenn ich mit meinem Freund und Tattoo-Meister Eddy

Deutsche dort auftauche. Er sieht aus wie die amerikanische Variante eines Yakuza-Bosses, an seinem Körper gibt es wenige untätowierte Stellen, und außerdem sieht man ihm seine Kampfsportpassion an. Die koreanischen Spas haben oft integrierte Restaurants und recht gute Masseure, die kräftig zulangen können, verschiedene Saunen, Heiß- und Kaltwasserbecken. Und sie sind nicht zu stylisch, was mir ab und zu sehr recht ist. Manche dieser koreanischen Wellness-Oasen haben 24 Stunden geöffnet, und mit ihren gemütlichen Liegeräumen und allem, was man an Körper und Seelenbalsam braucht, sind sie die denkbar günstigste Übernachtungsmöglichkeit in Los Angeles – inklusive Bodyscrub.

Wer es etwas zarter mag, sollte sich unbedingt eine Fußmassage gönnen. Die entsprechenden Salons sind über die ganze Stadt verteilt und fest in thailändischer Hand. Für 25 Dollar liegt man eine Stunde auf der Liege und schläft fast ein, während einem die Füße eingeseift und massiert werden. Man sollte das Trinkgeld nicht vergessen, bevor man aus dem Laden schwebt.

Wurstküche

Es ist zwar ungehörig, dafür aber höchst interessant, Menschen beim Lunch zu belauschen. Anfänglich als zwei alte Freunde wahrgenommen, schienen die beiden Herren am Nebentisch eher Chef und Bewerber zu sein, Agent und Autor oder Casting-Direktor und Schauspieler. Ganz sicher war ich nicht. Anders als in Europa lässt sich der Status an Kleidung und Gebaren hier nicht ohne Weiteres ablesen (das Spiel, wer Alphamännchen ist und wer nicht, wird natürlich trotzdem gespielt, und zwar bis zur Perfektion).

Und statt einleitend über das Wetter zu sprechen, macht man, da es hier ja fast immer schön ist, kurz seinem Unmut über den Verkehr Luft. Bevor man auf den eigentlichen Zweck des Treffens zu sprechen kommt, erlaubt man sich sehr wahrscheinlich noch einen Schlenker zum Thema Gastronomie. Was ist gerade angesagt, wer hat welchen Laden übernommen, war man schon mal Usbekisch-Brasilianisch essen, und welche Lokalität kann man sich im wahrsten Sinne des Wortes sparen? Lieblingsthema sind derzeit die neuesten *Food Trucks*, denn die sind der große gemeinsame Nenner zwischen denen, die haben, und denen, die nicht haben. Diese Kastenwägen kennt man bei uns eigentlich nur von Dreharbeiten. Die halbe Straße ist mit Beleuchtern, Komparsen, Lampenstativen und aufgeregten Aufnahmeleitern versperrt, und irgendwo steht, wenn die Produktion über die nötigen finanziellen Mittel verfügt, ein zur Großküche ausgebauter Kleinbus, in dem auf engstem Raum oft hervorragend für viele Leute gekocht wird. Catering. Ich nehme an, die Filmindustrie ist in L. A., wie bei so vielen anderen Aspekten der Stadt auch, der Ursprung der Food Trucks.

Es gibt die kulinarischen Busse schon länger, aber der aktuelle Boom setzte ein, als 2009 ein Food Truck namens *Kogi BBQ* koreanische und mexikanische Küche miteinander kombinierte und durch gehobene Edelsnacks auf sich aufmerksam machte. Es wurden Häppchen auf der Strasse und in Clubs verteilt, und so war man schnell in »aller Munde«. Will man einen der inzwischen fünf Kogi BBQ-Food Trucks finden, muss man sich über Twitter informieren, an welcher Kreuzung an dem betreffenden Mittag ein Stopp geplant ist. Und die Angelinos twittern wie die Weltmeister, fahren durch die halbe Stadt, um bei ihrem Lieblingstruck zu lunchen, und reihen sich brav ein in die lange Schlange der Hungrigen. *Lobsta Truck, Baby's Badass Burgers, Tao Truck, German Brat Truck* nennen sie sich, und sogar der Exchefkoch von Gastrostar Wolfgang Puck hat sich selbstständig gemacht und fährt mit dem Gastrobus durch die Stadt.

Die Trucks schwärmen aus und kleben wie die Wespen am Marmeladenbrot, überall dort, wo etwas Außergewöhnliches stattfindet oder ganz einfach viele Menschen unterwegs sind. Man findet sie tagsüber vor Bürokomplexen und Großbaustellen. Auf der Museumsmeile am Wilshire Boulevard stehen sie Stoßstange an Stoßstange (übrigens findet man dort das weltgrößte zusammenhängende Mauerstück außerhalb Berlins, gesponsert vom *The Wende Museum*).

Nachts stehen sie vor angesagten Clubs, an den Veranstaltungsorten von Konzerten oder immer dort, wo gerade ein Art Walk stattfindet. Eine Tankstelle am Beverly Boulevard, Ecke La Brea Avenue hat zu wenig Umsatz gemacht und aufgegeben. Nun formieren sich abends dort die kulinarischen Fahrzeuge zu einer Art Wagenburg, und auf einmal wirkt der unwirtliche Ort lebendig, urban. Im Licht der Trucks von *Grill'em all, Lidias Dominican Kitchen* und *The Greasy Wiener* wird dieser temporär genutzte Platz richtiggehend gemütlich. In der Mitte sind Tische und Stühle aufgebaut, und zwischen den Zapfsäulen schunkelt ein verliebtes Paar zu mexikanischer Musik.

Ob es sich um einen ausgefallenen Food Truck handelt, ein besonderes Café oder ein neues Konzept, das Wellen schlägt: Sofort gibt es Trittbrettfahrer. Manchmal werden die Nachahmer erfolgreicher als die Erfinder, oft bleibt es beim Versuch. Gut zu sein reicht nicht. Die neuen Food Trucks grenzen sich von den gewöhnlichen Tacobuden ab, versuchen einen Hype um sich selbst zu etablieren. Man muss wissen, welcher Truck gerade angesagt ist – und dann twittern, um herauszufinden, wo man ihn an gerade diesem Tag antreffen kann. Es funktioniert im Prinzip nach dem gleichen Geschäftsmuster, nach dem zum Beispiel Adidas in Zusammenarbeit mit Prada, Porsche oder Haribo einen Schuh mit limitierter Auflage auf den Markt bringt. Man macht sich rar, ist nicht für jeden zu haben. Dazu noch zwei, drei Meinungsmacher bei Facebook, und mit etwas Glück wird man zum Geheimtipp – und das ist in Los Angeles das Beste, was einem passieren kann.

Eine gewisse Grundqualität ist natürlich vonnöten, aber entscheidend ist, diesen kurzen Energieschub für sich zu nutzen und den Vorsprung auszubauen, bevor die Energie ihren Höhepunkt erreicht hat und sich wieder verflüchtigt. Im Amerikanischen ist oft von *up and coming* die Rede. Ganz groß im Kommen! Aber vielleicht auch ganz schnell wieder vorbei …

Und so kommt es, dass da oder dort gegessen zu haben wichtiger ist als die Speise selbst oder dass fünfzig Leute eine Dreiviertelstunde lang anstehen, um einen drei bis fünf Dollar teuren Taco zu bekommen. So kommt es, dass man in bestimmten Restaurants Wochen vorher reservieren muss oder dass man in diesem Café überrannt wird, in jenem aber vereinsamt. Mit der Qualität des Angebotes allein ist das nicht zu erklären. Hier liegt ein Flirren in der Luft, dort eben nicht. Hier gehöre ich dazu, zu den Coolen, der *crowd,* hier bin ich glücklich und satt.

Manche Stadtplaner sehen dem Treiben äußerst wohlwollend entgegen. Für eine Stadt mit sonst eher spärlichem Straßenleben sind die Trucks ein willkommener frischer Wind. Leere Gehwege füllen sich mit Leben, wenigstens für drei, vier Stunden: ein Pop-up-Straßenleben.

Nicht ganz nach den Vorstellungen der Stadtplaner verlief hingegen die Entwicklung des Straßenfestes in

Venice. Jeden ersten Freitag des Monats finden in der Abbot Kinney Road einige Vernissagen in den Galerien statt; gleichzeitig gibt es Sonderangebote in den Geschäften. Anfangs waren die Ladenbesitzer froh über die ersten Food Trucks, die vermehrt Publikum ins Viertel lockten und den Verkauf ankurbelten. Dann waren es irgendwann an die fünfzig Trucks in der schmalen Straße, und die Leute kamen scheinbar nur noch zum Fressen. Die Ladenbesitzer klagten über Abgasgestank, mangelndes Interesse an ihren Geschäften und Halden von Müll. Sie schlossen sich zu einer Interessengemeinschaft zusammen, die ein Parkverbot für die Dauer des Straßenfestes erwirkte. Gegenüber vereinzelt auftauchenden Trucks verhielt man sich recht aggressiv, sodass sich bis heute nur noch an die sieben Fahrzeuge auf einen kleinen Parkplatzhof trauen. Die Truckbesitzer fühlen sich zu Unrecht ausgegrenzt, hätten sie doch dem Fest erst zu seiner Popularität verholfen. Aber selbst die wenigen Wagen versammeln noch immer derartig große Menschenmassen um sich, dass es eigentlich keinen Spaß machen kann, dort zu essen. Die Atmosphäre in der Abbot Kinney Road ist etwas angespannt und die Rechtslage nicht ganz eindeutig. Vielleicht erklärt dies das große Aufgebot ratloser Polizisten.

Dass man bisweilen von einem *Food War* spricht, einem Krieg also, hat aber auch mit dem Zorn der Restaurantbesitzer zu tun, die die Rezession sehr stark zu spüren bekamen und manchmal direkt vor ihrem Lokal einen solchen Truck stehen haben, an dem für die Dauer von zwei Stunden nie weniger als dreißig Menschen Schlange stehen. Der Boom hängt sicher auch mit der Trägheit der Bürokratie zusammen. Das Truckbusiness wuchs in einen, ich will nicht sagen rechtsfreien, aber doch in einen Raum hinein, in dem es wenig Beschränkungen gab. Nun finden die gleichen Qualitäts- und Hygiene-kontrollen statt wie in den Restaurants, und der Markt ist gesättigt und reguliert.

Jonathan Gold, Kolumnist der *L. A. Weekly*, hat sich im Alter von zwanzig Jahren vorgenommen, mindestens ein-mal in jedem Restaurant entlang des Pico Boulevard zu essen. Der Pico Boulevard ist fast 25 Kilometer lang und durchquert Los Angeles von Santa Monica bis Down-town. An einem Strandcafé beginnend, fährt man durch persische und japanische Wohngegenden, vorbei am Lycée Français, dem Geschäftsviertel Century City und den Fox Studios. Anschließend durchquert der Pico, von jüdischen in afroamerikanische und lateinamerikanische Bezirke übergehend, Koreatown und endet erst, nachdem er die Wolkenkratzer Downtowns hinter sich gelassen hat.

Jonathan Gold verwirklichte sein Vorhaben und schrieb das Buch »Counter Intelligence: Where to Eat in the Real Los Angeles«. Heute ist er der Gastro-Papst in der Stadt. Wer in seinen Listen (etwa: »*99 Essential Restau-rants*« oder »*99 Things to Eat in L. A. Before You Die*«) auf-taucht, hat ausgesorgt.

Den Ritterschlag hat man erhalten, wenn man von Jonathan Gold als Gastronom zu seinem Festival einge-laden. Beim *Gold Standard* bieten jährlich vierzig seiner Lieblingsrestaurants ihr Essen an. Im Jahr 2012 zählte das Festival um die 2000 Besucher, die nicht nur vom Essen, sondern auch von der entspannten und herzlichen Atmo-sphäre schwärmten.

An Malaysia liebe ich, dass das Beste an indischer, indonesischer und chinesischer Küche aufeinandertrifft. In Hawaii verschmelzen japanische, US-amerikanische und polynesisch-asiatische Küche. In der Schweiz vermischen sich feinste französische und italienische mit deutschen Einflüssen. In Los Angeles gibt es so viele Küchen wie Völker, und in keinem anderen Aspekt der Stadt spiegelt sich der ethnische Pluralismus derart sinnesfreudig wieder. Es gibt die aberwitzigsten Mischformen und Nischen: Burger von wiesengefütterten Bio-Rindern, Fischtacos, vietnamesische Sandwiches, *mexikoscher*... Eine Zeitlang sind Hühnchen in belgischen Waffeln Mode gewesen, dann glutenfreie, vegane Backshops. Die Restaurants poppen aus dem Nichts, verschwinden wieder und tauchen Jahre später vielleicht als Trend in Deutschland auf. Zurzeit sind es die Bubble Teas, die in jeder noch so kleinen deutschen Fußgängerzone verkauft werden, als hätten wir Jahre darauf gewartet. Getränke mit glibbrigen Kügelchen aus Tapioka, die gesund sein sollen. Deutschland übrigens ist kulinarisch in Los Angeles schwer angesagt, oder besser ausgedrückt, das, wofür wir stehen: Bier und Bratwurst. Die entsprechenden Lokale heißen *Jagerhaus, Wurstküche, Germany's Famous Bratwurst Truck, Chalet Edelweiß* oder *Steingarten L. A.* In Silver Lake gibt es sogar *Berlin Currywurst*.

Die Wurstküche ist so erfolgreich, dass der Inhaber neben dem Restaurant im Art District noch eine zweite Filiale in Venice eröffnet hat. Eine Gelddruckmaschine: Für die Küche braucht man nicht mehr Raum und Ausstattung als für eine Pommesbude. Kaum Personal ist vonnöten, weil man sich seine Wurst am Tresen abholt und dann nach hinten in den großen und denkbar schlichten

Essensraum geht. Auch die Einrichtung könnte einfacher nicht sein – man sitzt auf Bierbänken. Aber unsere Vorstellung von Bratwurst wird enorm erweitert: Die »klassische Bratwurst« mit Koriander (!) und Muskat bildet den Anfang der Speisekarte, gefolgt von drei verschiedenen vegetarischen Würsten. Dann kommen die Gourmetwürste: Hühnchen / Pute mit Mango oder mit Apfel, Speck und Zimt. Die Krönung sind die *Exotics*: Büffelwürstchen, Enten-, Alligator-, Klapperschlangenwürstchen. Dazu kommen jede Menge Biersorten bis hin zu original bayrischem Dunkelweizen vom Fass!

Das ist exemplarisch für Los Angeles: Neue Impulse werden freudig aufgegriffen, mit dem verschmolzen, was bereits da ist, und auf die Spitze getrieben. Was man in Los Angeles bisher nicht kannte, und deshalb erfreut sich der Laden so großer Beliebtheit, ist das Biergartenkonzept der Wurstküche. Man sitzt auf Tuchfühlung mit fremden Menschen. Bei aller Offenheit und Freundlichkeit, die ich immer wieder beschreibe, man würde sich in dieser Stadt eigentlich niemals zu Fremden an einen Tisch setzen. Aber hier ist das okay und irgendwie wild. Und: Man darf sitzen bleiben – auch wenn man gar nicht mehr isst! Normalerweise kommt, wenn man die Frage, ob man ein Dessert möchte, verneint, gleich die Rechnung. Hier darf man sitzen, trinken und weiterreden. Das ist wirklich exotisch, und man findet das großartig. Mittags reicht die Warteschlange bis nach draußen, und man hat Zeit, sich einige phantastische Beispiele von Street Art genauer anzusehen. Direkt über dem Restaurant ist eine Arbeit von Shepard Fairey, um die Ecke starren einen die Augen von J R an, und gegenüber sieht man eine riesige Arbeit der deutschen Zwillinge how & nosm.

Wie könnte ein Drei-Gänge-Menü aussehen, das diese Stadt repräsentiert?

Was nun folgt, ist eine persönliche Zusammenstellung, und ich bitte alle Völker der Stadt, die sich hierin nicht wiederfinden, um Nachsicht, ebenso alle, die sich vegan, vegetarisch und / oder koscher ernähren.

Die Vorspeise ist der Nähe zum Meer geschuldet und den asiatisch-polynesischen Einflüssen, die Hauptspeise der amerikanischen und angloamerikanischen Lust auf Fleisch (mit einem kleinen zusätzlichen Gruß nach Mexiko), und die Nachspeise soll an die riesige orientalische Gemeinde erinnern, zu der allein schon über 700 000 Iraner zählen. Aber zunächst eine Vorspeise. Die Mengenangaben beziehen sich immer auf vier Personen.

Marinierter Thunfisch mit Avocado-Mango-Tatar

Wenn es einem gelingt, *Dolphin Safe Tuna* zu bekommen, also Thunfisch, der mit einer Methode gefangen wurde, die Delfine nicht gefährdet, ist diese Vorspeise ein Hochgenuss.

300 g Thunfisch (Sushi-Qualität)

Limonenmarinade:
    2 EL Olivenöl
    2 EL Limonensaft
    abgeriebene Schale von 1 Limone (unbehandelt)
    1 EL Sojasauce
    feines Salz und Pfeffer

Avocado-Mango-Tatar:

1 Mango
1 Avocado
1 EL Sesamöl
1 EL Olivenöl
abgeriebene Schale und Saft von 1 Limone (unbehandelt)
feines Salz und weißer Pfeffer
Chili nach Bedarf und Schmerzgrenze
3 gehackte Korianderzweige

Den Thunfisch von Sehnen und Häuten befreien, mit einem scharfen Messer (oder einer Aufschnittmaschine) in dünne Scheiben schneiden und die vorgekühlten Teller damit auslegen.

Für die Marinade alle Zutaten miteinander verrühren, mit Salz, Pfeffer und Chili aus der Gewürzmühle abschmecken und die Marinade mithilfe eines Küchenpinsels über dem Thunfisch verteilen.

Mango und Avocado schälen, das Fruchtfleisch vom Kern lösen und in ein mal ein Zentimeter große Würfel schneiden. Diese mit Sesamöl, Olivenöl, Limonensaft und -schale vermengen, mit Kalahari-Salz, weißem Pfeffer und Chili aus der Mühle würzen. Zum Schluss den Koriander zugeben.

Avocado-Mango-Tatar auf dem Thunfischcarpaccio anrichten.

Wer möchte, kann noch eine gebratene Garnelen darauf legen und mit japanischer Daikon-Kresse oder Shizo-Blättern garnieren.

Geschmorter Ochsenschwanz
mit Mole und Polenta

1200 g Ochsenschwanz in Stücken
Olivenöl
2 Karotten
1 Stangensellerie
2 Zwiebeln
1,5 Liter Rotwein
Tomatenmark
1 Thymian, 1 Rosmarinzweig, 2 Gewürznelken
8 Pfefferkörner
2 Knoblauchzehen
4 Schalotten
Mole (eine mexikanische Chili-Schokoladenpaste)/
wahlweise 40 g Bitterschokolade und Chilis nach
Geschmack)
Balsamico-Essig
Pfeffer und Salz
300 ml Gemüsebrühe
100 g Butter
200 g Hartweizengrieß
Parmesan

Ochsenschwanzstücke in Olivenöl rundum anbraten.
Karotten- und Selleriestücke und Zwiebelringe dazugeben. Ein Liter Wein dazugießen, Tomatenmark zufü-
gen und aufkochen. Eventuell aufsteigenden Schaum
abschöpfen.

Thymian, Rosmarin, Nelken, Pfeffer und ungeschälte
Knoblauchzehen zugeben und zugedeckt ungefähr vier
Stunden köcheln lassen, bis sich das Fleisch von den Kno-

chen gelöst hat. Fleisch und Knochen herausnehmen und Sud entfetten. Fleisch im Ofen warm halten.

Währenddessen:

Brühe kurz aufkochen und die Butter hinzufügen, den Weizengrieß einrühren. Etwa eine Minute unter Rühren kochen, bis eine sämige Masse entsteht. Mit Salz und Pfeffer würzen. Auf ein mit Backpapier ausgelegtes Backblech aufstreichen und auskühlen lassen.

Schalotten fein hacken und in zwanzig Gramm Butter glasig schwitzen. Mit Essig und dem restlichen Rotwein aufgießen. Ochsenschwanzsud hinzugießen und noch einmal stark einkochen. Zum Schluss vierzig Gramm edle Bitterschokolade oder Mole in der Sauce auflösen. Es gibt verschiedene Intensitäten. Einfach mit wenig beginnen und immer wieder kosten. Ich finde, es sollte nicht zu sehr nach Schokolade schmecken, aber ein wenig daran erinnern.

Das Fleisch mit der Sauce noch einmal ziehen lassen, während man die ausgekühlte Polentamasse in Quadrate schneidet, mit Parmesan bestreut, und in einer Pfanne in Olivenöl knusprig brät.

Auf vorgewärmten Tellern anrichten.

Gefüllte Aprikosen

400 g getrocknete Aprikosen (möglichst dicke, große, fleischige, die man eher bei einem türkischen oder persischen Lebensmittelladen bekommt als im Supermarkt)

150 g Zucker

3 grüne Kardamomkapseln

1 Zimtstange, 1 Gewürznelke

Saft von 1 / 2 Zitrone
2 EL Mascarpone
20 g Pistazienkerne, grob gehackt

Die getrockneten Aprikosen in einer Schüssel mit warmem Wasser übergießen und zusammen mit einem Teebeutel schwarzen Tee über Nacht einweichen. Wer mag, schneidet eine Vanilleschote auf und lässt diese ebenfalls einweichen.

Die Aprikosen herausnehmen und die Einweichflüssigkeit mit ausgeschabter Vanilleschote und Kardamom, Zimt, Zucker und Nelke (aber ohne den Teebeutel!) von etwa 500 ml zu einer dicken Sirupkonsistenz einkochen. Dann den Zitronensaft dazugeben und mit den Aprikosen noch einmal eine Minute ziehen lassen.

Aprikosen herausnehmen und abkühlen lassen.

Mascarpone mit zwei Löffeln des abgekühlten Sirups verrühren. Die Aprikosen der Länge nach einschneiden und mit dem Mascarpone füllen. Mit den gehackten Pistazien bestreuen.

Den Rand des Tellers kann man mit zwei, drei Kardamomkapseln und mit dünnen Linien des Siruprestes verzieren.

Lost Angeles ...

Das abstoßende L. A. gibt es natürlich auch. Oberflächliche Menschen, die so hohl sind wie Litfasssäulen mit schreiend dummen Plakaten drum herum. Die Silikonzicken gibt es und Reichtum, der so extrem ist, dass man ihn mit dem Verstand nicht fassen kann, *crazy money,* wie man hier sagt. Eiskalter Darwinismus selektiert jeden aus, der schwächelt oder altert. Die Schere zwischen denen, die haben, und denen, die nicht haben, klafft hoffnungslos immer weiter auseinander.

Drogen, Psychopharmaka und Hochleistungspillen kursieren auf den Schulhöfen, während die lokalen Zeitungen und Magazine sich über Annoncen für Sex, Wellness und *medical weed* – also Marihuana – finanzieren. Makler versuchen hier ihre neueste Immobilie an den Mann zu bringen, Anzeigen von Privatkliniken versprechen Hilfe bei Persönlichkeitsstörungen und Drogenabhängigkeit. In Buchläden dominieren die Regale zum Thema *Selfimprovement:* Selbstverwirklichung, oder genauer: Selbstverbesserung. Das Leben ist für die meisten Menschen hart. In Los Angeles und überall.

Um hier zu überleben, hat man allerdings eine ganz andere Lebensstrategie als anderswo. In Deutschland soll der Beruf eine Stelle fürs Leben sein. In L. A. verhält sich das anders. Scheitern ist hier kein Makel. Man erfindet sich neu, probiert sich aus. Wenn das eine nicht klappt, macht man etwas anderes. Viele haben zwei oder gar drei Berufe. Nicht nur die kellnernden Schauspieler.

Es ist eine Stadt, in der jeder etwas will. Die Reihen sind dicht geschlossen, und sobald sich vor oder über einem eine Lücke auftut, wird sofort nachgerückt. Man ist bereit, steht zur Verfügung, ist *alert*. Es bleibt keine Zeit, um phlegmatisch zu sein oder zu jammern.

Das erzeugt eine unglaubliche Schubkraft von unten und extremen Leistungsdruck. Wer da nicht mehr mithalten kann, wird abgestoßen, ausgespien. Ein blöder Unfall, eine Krankheit und eine unzureichende oder womöglich fehlende Krankenversicherung führen dazu, dass man im Nu alles verloren hat. Das bedeutet für viele den drohenden Abstieg in die Skid Row. Diejenigen, die rechtzeitig den Absprung schaffen, ziehen nach Arizona oder Nevada, um neue Arbeit zu finden. Auf jeden Fall gibt es dort mehr Haus für weniger Geld, und man zahlt bedeutend weniger Steuern.

Los Angeles kann kaum noch weiter auswuchern. Die Hänge sind bebaut, die Valleys ebenso. Die Makler können sich nicht beschweren, Los Angeles ist eine Stadt der Fluktuation. Man zieht hierher, wieder weg, man zieht andauernd um. L. A. ist wie ein Dialysegerät. Menschen werden hineingesaugt und herausgespült, das Frische bleibt, die Ideen, die optimistische Kraft. Die fortziehenden Menschen hinterlassen Ideen und Spuren, die die Stadt, wie durch einen Jungbrunnen genährt, aufnimmt und weiterverarbeitet. Dabei, und das ist das Entscheidende, hat die Stadt nichts Vampirisches. Die Menschen, die hier scheitern, erfinden sich vor Ort neu und probieren etwas anderes, oder sie ziehen weg. Es ist nicht leicht, jemanden zu treffen, dessen Familie hier seit mehr als zwei Generationen lebt.

Warum polarisiert diese Stadt so sehr? Manche lieben L. A. sofort und unbedingt, anderen hassen die Stadt mit einer Inbrunst, die ebenso wenig nachvollziehbar ist. *The city we love to hate,* sagen die Angelenos ironisch über sich selbst. Architekten bezeichnen L. A. entweder als *paradigmatic normalcy* – Muster-Normalität und Zukunftsmodell aller Städte – oder aber als *hyperbolic exeptionalism* – die übertrieben große Ausnahme in der Geschichte des Urbanismus. Gegensatzpaare, wohin man schaut: Los Angeles ist Prototyp der zukünftigen Städte und zugleich Vorbote des städtischen Untergangs. Eingezäunte Gemeinden mit Pförtnern, die *gated communities,* und weit offene, einladende Wohngegenden. Niedriglohnarbeiter und teuerste Spezialisten. Haben oder nicht haben. Der Traum von der gezähmten Natur buchstäblich gebaut auf wackeligem Boden.

Ich bin ein Berliner. Ich bin ein Münchner. Diese Aussagen bedeuten mehr als nur eine Herkunftsangabe. In Los Angeles gibt es eine solche Identifikation mit der Stadt nicht. Höchstens mit geografischen Lagen. Wohnt man in Venice, ist man dem Meer zugewandter als im Topanga Canyon. Silver Lake ist cool, jung und urban, Pasadena ist bodenständig, und in Bel Air hat man Geld.

Nicht nur, weil sich der Angeleno generell ungern definieren lässt, ist es schwierig, das Wahrzeichen der Stadt zu erkennen. Der Walk of Fame zum Beispiel ist zwar berühmt, aber er steht nicht wirklich für die Stadt. In South Central, Watts oder Compton haben Gang-Mitglieder oft ein Tattoo der Watts Towers auf dem Körper. Für sie könnte zum Beispiel das Hollywood Sign niemals ein Wahrzeichen sein. Gibt es in L. A. vielleicht ein Negativwahrzeichen, das keiner mag?

Über den Freeway zum Beispiel redet man mehrmals täglich, nie positiv, er ist tief im Bewusstsein der Einwohner verankert. Ist der Freeway die Identität der Stadt? Das wäre eine kühne Behauptung, zumindest aber ist der Freeway die große Klammer, die die unterschiedlichen Welten zusammenhält.

Als außenstehender Betrachter kann man durchaus eine Schönheit in den Mustern, Schlingen, Überlagerungen und weiten Schwüngen der Autobahn erkennen. Wenn man sich ausmalt, wie viele Menschen von A nach B fahren, wie viel Hirn unterwegs ist, sprich Information, dann sind die Straßen wie ein gigantisches neuronales Netzwerk. Das klingt ein wenig nach einem, der nachts bekifft vom Mulholland Drive auf die Stadt hinunterschaut und in seinen Gedanken schwelgt. Aber glauben Sie mir, dieser Anblick euphorisiert auch ohne Hilfsmittel.

Der Besitz dieser Hilfsmittel ist in Los Angeles übrigens legal. Der öffentliche Konsum nicht. Ich spreche ausschließlich von Marihuana, das man für den Eigenbedarf tatsächlich legal erwerben darf. Es ist in Kalifornien ein anerkanntes und legales Medikament zur Linderung von Schmerzen und Symptomen bei HIV und

Krebs, Depressionen oder Migräne. Marihuana ist verschreibungspflichtig, wobei es überall in der Stadt kleine Praxen gibt, in denen man einem Arzt erzählen kann, man leide unter Appetitlosigkeit oder Schlafstörungen, und dann bekommt man für 35 Dollar einen kleinen Ausweis, der einen zum Bedürftigen erklärt (einmal die Strandpromenade in Venice hoch und runter, und man hat die Taschen voll von Visitenkarten und Flyern mit den Adressen dieser Ärzte). Mit dem Ausweis kann man dann »medizinisches« Marihuana in den unzähligen, auch *grass clinic* genannten Shops erstehen.

Diese verteilten sich zeitweise zahlreicher über die Stadt als Starbucks-Filialen. Das LAPD zählte 2012 insgesamt 580 dieser Gras-Apotheken, inoffiziell waren es weitaus mehr. Die Gesetze ändern sich jedoch so schnell wie diese Stadt. Die meisten der Medical-Weed-Läden sind wieder geschlossen worden. Nur noch 180 Shops dürfen ihr Geschäft offiziell betreiben. Geworben wird nicht anders als beim netten Weinhändler nebenan. Warum auch nicht? Neue Kunden bekommen einen *Free Premium Joint,* es gibt Happy Hours, Lieferservice, Discount für Behinderte und Kriegsveteranen. Für den Tagesausklang, zum Entschleunigen, bei Schmerzen und Schlaflosigkeit wird einem eher zur Sorte *Cannabis Indica* geraten. Die andere Pflanzensorte, *Cannabis Sativa,* erzeugt einen stimulierenden, euphorisierenden Rausch, wobei einem die Feinheiten beim Einkauf vor Ort von erfahrenem Fachpersonal auch gern bis ins Detail erklärt werden.

... and found Angels

Das Erste, was wir Deutschen über die USA und besonders über Kalifornien sagen, ist, dass man dort so oberflächlich sei. Überdenkt man diese Aussage, wird klar, dass sie etwas seltsam ist und eigentlich das Gegenteil zutrifft.

Wir können schließlich nicht ohne Oberfläche sein. Die Frage müsste lauten: Worin besteht denn der Unterschied im Umgang mit unseren Oberflächen? Wir in Deutschland oder Nordeuropa legen sehr großen Wert darauf, dass in unsere persönliche Oberfläche nichts eindringt und auch nicht allzu viel nach außen hindurchschimmert.

Nach zwei oder drei Sekunden direktem Blickkontakt entscheidet sich das Unterbewusstsein für eine Reaktion, die entweder wohlwollend ist oder ablehnend (»Is was?!«). Da diese ständigen Entscheidungen in einer Großstadt auf Dauer zu stressig sind, hat man sich bei uns auf etwas anderes verlegt. Der andere wird schlichtweg ignoriert, nicht gesehen. Jeder kennt das bleierne

Schweigen in unseren Fahrstühlen. Wir gucken auf die Knöpfe, die Etagenanzeige oder aufs Handy. Wir rechnen den Fremden einfach weg. So etwas gibt es in Los Angeles nicht!

In Los Angeles begegnet man diesem zu langen Blick in der Regel mit einem Lächeln. Das Lächeln neutralisiert, verharmlost, signalisiert, dass der andere keine Angst haben muss. Schuhe, Verkehr, Wetter, alles eignet sich für einen Gesprächsfetzen. Selbst ein kurzes Nicken reicht aus, um zu quittieren, dass man den anderen wahrgenommen hat. Diese kurzen Begegnungen bedeuten fast nichts, und doch fühlt es sich sehr viel besser an, in einer Großstadt zu leben, in der man gesehen wird.

Bei dem einen oder anderen Flirtversuch musste ich mich anfangs daran gewöhnen, dass ein erwiderter Blick kein wohlwollender Auftakt war, sondern das Gegenteil. Er entzog dem Balzversuch den Boden, neutralisierte den Moment. So ein Lächeln fühlt sich großartig an, obwohl es eine Abfuhr bedeutet. »Das wird nichts mit uns, aber ich finde es sehr nett, dass du mich attraktiv findest. *Have a great day.*«

Interessant ist, dass das Spiel sich verändert, sobald die Angelenos im Auto sitzen. Ein Auto suggeriert Schutz. Man fühlt sich der Welt nicht mehr ausgesetzt und sehr viel sicherer. Der neutralisierende Schutz wird nicht mehr gebraucht. Der Blick des anderen wird nicht mehr mit einem Lächeln beantwortet, sondern geht einfach an einem vorbei.

Die Begegnungen hier gleichen denen von Hunden, die sich wohlwollend beschnüffeln und freundlich mit dem Schwanz wedeln. Der Erstkontakt wird einem in L. A. sehr, sehr leicht gemacht. Was dann folgt, ist etwas komplizierter. So kam es, dass ich in den ersten Monaten wahnsinnig viele Menschen kennengelernt, mich aber trotzdem zunehmend einsam gefühlt habe. Es fehlte Verbindlichkeit, das Dranbleiben, die Folgebegegnung.

Aber wenn man nicht gerade ein Projekt laufen hat oder einen Hund oder ein Baby (»Au ja! Dann lassen wir die beiden mal miteinander spielen!«), wenn man darüber hinaus noch den Fehler macht, zu sagen, dass das Visum bald ausläuft, dann gibt es aus Sicht der Angelenos keinen Grund, sich noch einmal zu begegnen. Der nackte Pragmatismus, vollkommen untragisch. Ich behaupte, es gibt wenig, was in L. A. ohne eine bestimmte Absicht geschieht. Freunde trifft man, weil man etwas braucht oder weil es an der Zeit ist – um sicherzustellen, dass die Freundschaft noch nicht auseinanderbricht. Wobei ich auf keinen Fall andeuten will, dass dieses Vorgehen berechnend ist. Oder ist es das?

Sexualforscher der *University of California San Francisco* (UCSF) haben in Umfragen festgestellt, dass sich vor allem bei Teenagern Oralverkehr großer Beliebtheit erfreut. Abgesehen von der falschen Annahme, es würden auf diesem Weg weniger oder keine Geschlechtskrankheiten übertragen, ist interessant zu hören, was die Kids auf die Frage nach den Gründen geantwortet haben. Oralverkehr nämlich sei kein Sex. Sie hätten mit weniger negativen sozialen und emotionalen Konsequenzen zu rechnen. Sie fühlten sich nicht so schlecht danach, seien ohne Schuldgefühle. Oralverkehr ist einfach keine große Nummer.

Im Übrigen haben die Jugendlichen in Expräsident Bill Clinton ein berühmtes Vorbild, der im Zusammenhang mit der Lewinsky-Affäre ja einmal sagte, Fellatio sei nicht wirklich Sex. Geschlechtsverkehr spart man sich auf, für denjenigen, mit dem man wirklich zusammen sein möchte. Oraler Verkehr hat im Gegensatz dazu eine Leichtigkeit, ist unverbindlich und schafft trotzdem eine Schnittstelle. Man hatte was miteinander, trifft sich vielleicht mal wieder, hat auf jeden Fall »einen gut«.

Es gibt einen Begriff, der sehr viel treffender ist als der der Oberflächlichkeit: die Vielflächigkeit.

Es gibt zwei grundsätzlich unterschiedliche Nervenstrukturen: Nerven, die besonders lange Axone haben und miteinander eine starke, dauerhafte Verbindung schaffen. Und Nerven, die sehr viel mehr Dendriten, also Verästelungen, ausbilden, um vielfältige Verbindungen eingehen zu können, sprich Netzwerke zu bauen. Letzteres trifft auf fast alles zu, was ich in Los Angeles gefunden und beobachtet habe. Die Stadt, die sich immer wieder selbst neu erfindet, der Mensch, der auf dem Sprung ist und, wenn es nötig ist, keine Scheu hat, sich neu zu definieren. Dinge, die aus dem Nichts auftauchen und wieder verschwinden, seien es Restaurants, Moden, Ansichten oder Ideen. Unverbindlichkeit gepaart mit Kontaktfreude. Ich bin das Gefühl nicht losgeworden, hier leben unglaublich viele einsame Menschen mit jeder Menge Freunden.

National Geographic hat eine sehr interessante Karte herausgegeben, auf der verzeichnet ist, in welchen Großstädten der USA ein männlicher oder weiblicher Überschuss an Singles herrscht. Es besteht eine große Spannung zwischen den beiden Küsten. An der Ostküste gibt es bedeutend mehr alleinstehende Frauen, an der Westküste mehr Männer. Im Raum Los Angeles, Long Beach, Santa Ana übersteigt die Zahl der männlichen Singles die der alleinstehenden Frauen um 90 000.

Ich will nicht tiefer in die Statistik eindringen, weil sie zu ungenau ist. Unterschiedliche Alter werden nicht berücksichtigt und ebenso wenig homosexuelle Beziehungen, denn um die gleichgeschlechtliche Ehe wird in Kalifornien nach wie vor hart gerungen. Legal ist sie noch nicht.

Zu der Geschlechterdiskrepanz kommen noch ein paar Faktoren hinzu, die Los Angeles zu einer der härtesten Städte für Singles machen. Die großen Entfernungen sind ein Liebes- und Flirtkiller. Die gleiche Anzahl herumhüpfender Tischtennisbälle trifft in einem doppelt so großen Behälter viel seltener aufeinander. Außerdem gibt es kaum »Bürgersteigkultur«, nebeneinanderliegende Cafés, Wochenmärkte oder Flaniermeilen, Orte also, an denen man in Europa oft zufällig Nachbarn oder Bekannte trifft. Oder man begegnet fremden Menschen auf dem Weg zu Bus oder U-Bahn zum wiederholten Mal, irgendwann grüßt man sich und kommt ins Gespräch. Solche zufälligen Begegnungen bilden einen Eckstein unseres sozialen (Stadt-)Lebens. Diese Dinge fordern in Los Angeles einen recht hohen Energieaufwand. Das Nachtleben endet hier in der Regel um ein Uhr, eine Zeit, zu der man in New York, London oder Berlin gerade erst losgeht. Und da man in Los Angeles mit dem Auto unterwegs ist, wird zudem kaum getrunken, sodass man also bei der Kontaktaufnahme auch nicht auf die enthemmende Wirkung des Alkohols hoffen kann.

Als ich die ehemalige Leiterin des Goethe-Instituts und heutige Geschäftsführerin der Villa Aurora bei einem kleinen, etwas hölzernen Empfang in Berlin wiedertraf, fragte ich sie, was sie an Los Angeles vermisse. Das sei unter anderem der Wille und die Fähigkeit der Menschen, miteinander zu kommunizieren, sagte sie.

Wenn man in Los Angeles weite Wege auf sich nimmt, um zum Beispiel zu einer Vernissage zu gelangen, möchte man dort mehr als nur die Exponate betrachten – man freut sich auf Begegnungen. Bei uns nennt man das hochtrabend »Socializing«, als wäre es etwas Unanständiges. In Los Angeles redet man einfach miteinander, lernt sich kennen. Das stocksteife, blasierte Kunstkennergehabe, bei dem ich mich immer beklommen oder deplatziert fühle, gibt es dort nicht. Es wird ein Happening veranstaltet, und wenn die Galerie zu klein ist, schließen sich mehrere Galeristen zusammen, und man proklamiert einen Art Walk.

Ob es sich um einen Spiele- oder Leseabend handelt, um das Baumpflanzen in verbrannten Hügelregionen, River Clean-Ups, Art Walks, Food Truck-Festivals oder diese in unseren Augen übertriebene Begeisterung für Grillfeste (es wird angegrillt, als handele es sich um den Bieranstich auf dem Oktoberfest): Vieles bekommt sehr schnell Event-Charakter. Ich konnte den Druck hinter diesen Veranstaltungen anfangs nicht einordnen und fand sie immer etwas gewollt oder aufgesetzt.

Wenn im tiefsten Niederbayern der Schützenverein ein Fest macht oder sich in den Schweizer Bergen die Ringer bei den Schwingfesten messen, sind das Veranstaltungen, die viel größer sind als ihr Anlass. Vielleicht ist es nur eine Projektion von mir, aber ich meine in Los Angeles eine ähnliche Wertschätzung für solche Veranstaltungen zu spüren: als Stätte der Begegnungen.

Allerdings gibt es in Los Angeles einen Ort, der für jeden leicht erreichbar ist, und dort tummeln sich so viele Kontaktwütige wie nirgendwo sonst. Manche kommen nur zum Gucken, viele suchen hier schnellen oder sehr speziellen Sex, andere hoffen, den Partner fürs Leben zu finden, oder wollen einfach nur neue Freunde entdecken und reden. Das Internet. Partnervermittlungswebseiten boomen, ohne dass ein Ende in Aussicht ist, und die Mischung aus Neugierde und Einsamkeit macht den Angeleno in dieser gigantisch weitläufigen Stadt zum idealen Kunden. Es gibt so viele unterschiedliche Seiten im Netz, dass es schwerfällt, die richtige zu finden, es sei denn, man hat eine punktgenaue Vorstellung von dem Menschen, den man treffen will, oder spezielle Neigungen.

Generell gibt es zwei unterschiedliche Modelle: Seiten, die kostenlos sind und sich über Werbung finanzieren, und Seiten, die Mitgliedsbeiträge verlangen. Letztere sind seriöser. Auf den kostenlosen Seiten stößt man öfter auf erloschene Profile, auf Kids, die sich spaßeshalber als Dreamboy ausgeben, oder auf unglaublich gut aussehende Menschen, bei denen sich irgendwann doch herausstellt, dass sie Dienstleistungen anbieten.

Die kostenpflichtigen Seiten bewahren einen zwar auch nicht davor, dass man auf Profile gerät, in denen falsche Fotos gepostet werden, man kann jedoch, um bei der eventuellen Begegnung keine Enttäuschung zu erleben, die virtuellen Angaben einfach ein wenig zurückschrauben: ein paar Zentimeter von der Größe abziehen, ein paar Kilos addieren, die Einkommensangaben halbieren und beim Alter mindestens sechs Jahre draufpacken. Und wer sich in Zeiten von Skype auf ein Blind

Date einlässt, ist selbst schuld, wenn es zu bösen Über-
raschungen kommt.

Diese Dating-Webseiten gibt es wahrscheinlich seit
den frühesten Anfängen des Internets. Überrascht war ich
aber doch von der Fülle der unterschiedlichen Angebote.
Dharmamatch.com für Buddhisten, *sugardaddy.com* für alte
Männer mit Vorliebe für junge Damen, *sports-dating.com*,
blacksingles.com, *discreetadventures.com*, *adam4adam.com* – die
Namen sind meist Programm. Asiaten, Biker, jedes Alter,
jeder Fetisch, jeder Wunsch findet seine Suchmaschine.

Es ist schwer, verlässliche Zahlen zu eruieren. Jede
Seite rühmt sich mit ihren Erfolgsquoten (dabei leben sie
ja genau genommen vom Misserfolg!). Interessant ist das
komplexe Regelwerk, die *dating rules*, und wie ernst man
diese nimmt. Es gibt unzählige Bücher über die Rendez-
vous-Regeln, und auch im Netz findet man Do/Don't-
Listen und Ratgeber noch und nöcher. Ich wollte wissen,
wie strikt man sich in Los Angeles an diese Regeln hält –
ich habe mich auf unterschiedlichen Dating-Seiten angemeldet, habe verschiedene Frauen getroffen und zu dem
Thema befragt. Allerdings habe ich, bevor es zu einem
first date kam, deutlich gemacht, dass ich nicht auf der
Suche und mit meiner Freundin glücklich bin. Die Treffen, die dann trotzdem stattgefunden haben, waren berei-
chernd, lustig und überraschend unverkrampft. Span-
nende, sehr ehrliche Gespräche sind entstanden.

Bei meinem ersten Date traf ich Josy. Sie sucht hauptsächlich bei *jdate.com*, einer Webseite für jüdische Singles, hat
aber auch Profile bei zwei, drei anderen Dating-Seiten.

In Los Angeles eine Beziehung zu finden, ist das
Schwerste überhaupt, sagt Josy. An ihrem Aussehen kann

es nicht liegen, denke ich. Ob es speziell ein kalifornisches oder ein US-amerikanisches Problem ist, weiß sie nicht zu beantworten. Vielleicht doch eher ein Problem unserer Zeit. Besonders die Angelenos scheinen Schwierigkeiten mit der Verbindlichkeit zu haben, dazu kommt ihr Alter: Josy wird bald vierzig. Männer, die für sie infrage kommen, haben entweder eine Familie, wollen aus ihrer langjährigen Beziehung ausbrechen und suchen sehr junge Frauen, oder, noch schlimmer, sie wollen eine Gespielin neben der »intakten Familie«. Als ich Josy nach den Dating-Regeln frage, prustet sie los. Ja, manche halten akribisch daran fest, dabei sei das Ganze doch eher nur ein Spiel. Aber, fügt sie hinzu, man sollte schon wissen, wie man es spielt.

Männer müssen den ersten Schritt machen. Frauen lassen erst einmal zwei Tage verstreichen, bevor sie eine Mail oder einen Anruf beantworten. Niemals eine Wochenendverabredung annehmen, wenn der Mann erst am Mittwoch oder gar später danach fragt. Immer vorgeben, man sei nicht zu sehr interessiert und schwer zu kriegen, egal wie stark die Anziehung sein mag. Und kein Sex vor dem dritten Date, platzt sie heraus. Ja, daran hat sie sich gehalten. Meistens, fügt sie lächelnd hinzu. Wer gleich zur Sache kommen will, sucht auf ganz anderen Internetseiten.

Eigentlich muss man nur auf den Bauernhof gehen und aufmerksam Hahn und Hühnern zuschauen, dann kann man sich die Regelratgeber sparen. Der Reigen der Geschlechter hat sich in den letzten paar Tausend Jahren nicht wirklich weiterentwickelt. Männer, die Souveränität, Sicherheit und Kraft ausstrahlen, sind begehrt, und Frauen, die dem gängigen Schönheitsideal entsprechen und in einem Alter sind, in dem Nachwuchs zumindest theoretisch noch denkbar ist, werden öfter angeklickt und *gedated*. Alle anderen versuchen mit Intellekt, Humor, Charme, Geld, künstlich aufgeblasenen Schultern oder Brüsten Aufmerksamkeit zu erregen.

Ich möchte mehr über das erste und zweite Date erfahren und frage Josy nach den Unterschieden. Das erste Date ist zum Kennenlernen oder besser gesagt zum Beschnuppern. Die wichtigsten Informationen hat man zwar vorher schon ausgetauscht, aber selbst wenn man den anderen im Netz sehr interessant oder gar begehrenswert findet und meint, das könnte was werden – sicher kann man nie sein. Da sitzt man dann tatsächlich das erste Mal dem Mann gegenüber und denkt, der wirkt irgendwie tollpatschig oder dümmlich. Oder du stellst fest, dass Männer zwar wahnsinnig gut aussehen, aber gleichzeitig völlig unsexy sein können. Das sei bei Frauen bestimmt auch so, sagt Josy. Ich bestätige das. Bestimmte Dinge erkennt man eben erst, wenn man den virtuellen Raum verlässt und sie live erlebt. Deswegen verwendet sie das Wort »beschnuppern«, erklärt Josy. Vielleicht entscheiden die Duftstoffe und nicht wir.

Das erste Date also ist zum Vorfühlen. Es sollte möglichst unkompliziert gehalten werden. Ein nettes Café vielleicht. Von dort kann man auch leichter weg, wenn man merkt, es geht gar nicht. Irgend so ein Typ hat Josy gleich beim ersten Mal zu einem edlen Vier-Gänge-Dinner eingeladen. Sie fühlte sich in die Enge gedrängt und hat abgesagt. Das erzählt ja auch etwas über einen Menschen, wenn er gleich so protzen muss.

Wenn man sich mag und nach dem ersten Date die Neugierde gestiegen ist, trifft man sich auf dem nächsten Level. Beim zweiten Date sollte man Spaß haben miteinander. Wandern, Picknick, ein Basketballspiel der Lakers, irgendein nettes Konzert. Man testet quasi, wie es ist, Zeit miteinander zu verbringen, während man gleichzeitig die Gelegenheit hat, den anderen genauer zu studieren. Hier darf es auch schon zu ersten Berührungen kommen. Trotzdem redet man beim zweiten Date aber noch nicht über Ex-Beziehungen und Sex. Diese Regel findet Josy grundweg falsch. Man erfährt so viel über den anderen, wenn man über Sex redet. Außerdem sei das Schlimmste, was einer Frau passieren kann, sich als *rebound-girl* wiederzufinden. So nennt man die erste Frau nach einer Trennung. Man wird nur benutzt, als Verschmerzerin, für den Ablenkungssex oder zur Egovergrößerung.

Nach dem Verlauf des zweiten Dates ist klarer, ob man es zum romantischen dritten Date kommen lassen möchte und vielleicht irgendwann ein Paar wird. Das dritte Treffen kann ein romantisches Dinner in einem feinen Restaurant oder sogar zu Hause sein. Danach folgt alles den üblichen irdischen Pfaden und Irrwegen.

Ich werde auf einer Dating-Seite von Johara angeschrieben, und nach einigen wechselseitigen Nachrichten treffen wir uns in einem koreanischen Restaurant. Sie hat zwar den einen oder anderen Mann schon öfter als zwei Mal getroffen, aber zu einem richtigen dritten Date hat sie es noch nie kommen lassen. Sie kommt ursprünglich aus Frankreich, hat aber tunesische Eltern und ist länger in Kalifornien geblieben, als sie gedurft hätte. Sie kann nicht ausreisen, weil man ihr als »Illegale« die nächste Einreise verweigern würde. Sie will nirgendwo anders leben.

Alle sagen immer, hier zu überleben sei so hart. Sie findet das gar nicht. Johara hat ihre Nische gefunden. Los Angeles war gut zu ihr. Sie gibt privaten Französischunterricht, meistens für die Kinder von Celebrities, die ihre Kinder aufs Lycée Français schicken. Wenn es dort dann nicht so läuft, kommt Johara ins Haus und hilft nach.

In Pacific Palisades hat sie die Kids von »Spiderman«-Regisseur Sam Raimi unterrichtet. Nebenan wohnt Bono, und ein Stück weiter wohnen Ben Affleck und Spielberg. Bei einem der Stars musste sie einen Vertrag unterschreiben, der sie zu Stillschweigen über alle Vorgänge im Haus verpflichtete, und ich bohre nicht weiter nach. Es ist nicht so, dass Johara scharf wäre auf Celebritys, das hat sich so ergeben. In Los Angeles gehört es in den besseren Kreisen zur guten alten Schule, die Kinder entweder zum Ballett zu schicken oder Französisch lernen zu lassen. Wobei die Prominenten auch nicht besser zahlen als andere Leute.

Johara mag es, wenn der Mann weiß, was er will, und zum Beispiel entscheidet, wo man sich das erste Mal trifft. Sie mag, wenn er die Tür aufhält, die Rechnung bezahlt. *Chivalry* nennt man das Verhalten eines solchen Benimmspezialisten: Ritterlichkeit. Sie mag es, wenn der Mann ihr etwas Aufmerksamkeit entgegenbringt. Warum sie sich mit mir habe treffen wollen? Sie sei neugierig gewesen, und es sei ja kein richtiges Date, außerdem vermisse sie ihre Sprache. Ich spräche doch aber nur ganz schlecht Französisch? Egal, ich käme aus Europa, und Europa fehle ihr eben ein wenig. Was genau sie denn vermisse, frage ich, aber sie kann es nicht richtig greifen.

Wir Deutschen haben ein wunderschönes, schwer übersetzbares Wort dafür: Heimweh.

Josy mochte unser Date so sehr, dass sie vorschlägt, wir könnten uns beim nächsten Mal doch zu mehreren treffen. Ihren zwei Single-Freundinnen hat sie schon von der Idee erzählt. Wenn ich bei meiner Recherche noch auf einen interessanten Mann treffe, solle ich ihn doch bitte mitbringen. Je mehr, desto besser.

Wunderbar, denke ich, wir veranstalten eine Single-Party. Gleich am nächsten Tag beginne ich mit der Suche nach Männern, bei denen ich mir vorstellen kann, mit ihnen bei einem Essen an einem Tisch zu sitzen und zu reden.

Ich bin allerdings sehr schnell sehr ratlos. Liegt das an mir? An dem Perspektivwechsel, weil ich plötzlich nach Männern suchen soll?

Ich blättere durch die Profile und bleibe nirgends hängen. Mich interessiert keiner. Schon gar nicht, wenn ich versuche, mit den Augen einer Frau zu schauen. Die Seiten sind voll von Männern, die versuchen, wie Helden zu gucken, von Fitnessbesessenen. Weiterhin gibt es Nerds ohne Ende, feiste Fast Food-Liebhaber und strahlende Naturburschen, gleichermaßen unsexy. Ich habe den Eindruck, viele suchen einfach nur jemanden, der ihnen beim Sport zuguckt oder sie anderweitig anhimmelt. Wenn jemand schreibt, wie wichtig ihm seine Arbeit ist, heißt das auf Deutsch: Lass mich in Ruhe – ich möchte eine Frau, aber keine Veränderung.

Aus den Profilen, die ich lese, klingt heraus, dass viele Single sind, weil sie keine Zeit für eine Beziehung haben. Oder genauer, weil sie sich für die falschen Dinge die Zeit nehmen. Zum Beispiel, weil sie vor dem Computer sitzen und nach einer Frau suchen, statt aufzustehen und wirklich nach einer Frau zu suchen.

Den meisten ist dann die Anfrage eines Mannes suspekt, und viele haben schlichtweg keine Lust und Zeit für eine Begegnung ohne klare Absicht.

Kurz, die Single-Party kam nicht zustande, weil mein Drei-Monats-Visum auslief und ich dringend Zeit mit meiner Frau verbringen wollte, die damals noch in Los Angeles lebte.

Ich habe sie *nicht* über das Internet kennengelernt.

Es war ein großes Dinner bei Cornelia Funke. Wir machen das jedes Mal, wenn ich in L. A. bin. Cornelia und ich laden Freunde ein, die uns nah und wichtig sind, und immer auch einige, die entweder sie mir vorstellen möchte oder umgekehrt. Und ich koche dann. Und manchmal sitzen ein paar Oscargewinner an unserem Tisch wie Florian Henkel von Donnersmarck, manchmal auch Mark Ordesky, der »Herr der Ringe« produziert hat, oder der »Harry Potter«- und »Sherlock Holmes«-Produzent Lionel Wigram. Diese Leute sind froh, wenn sie mal nicht ihr öffentliches Gesicht aufsetzen müssen und privat sein dürfen. Das ist das Besondere an unseren Dinners, sie gehören zu den seltenen absichtslosen Begegnungen in L. A. und führen zu wunderbar entspannten Gesprächen. Und eines Abends saß SIE dort, und ich habe niemand anderem mehr zugehört …

Jetzt haben wir einen kleinen Sohn miteinander.

Als sie ihren Freundinnen (alle drei auf der Suche) von mir erzählte, brachen sie in Begeisterung aus: Nein! Ein Europäer! Was die wieder für ein Glück hat, ein echter Europäer! Ich wollte wissen, was damit denn gemeint sei. Und es stellte sich heraus, dass wir Europäer für Emotionalität und Kultur stehen, der amerikanische Mann dagegen für Pragmatismus und Sicherheit. In erster Linie jedoch erzählt diese Zuordnung etwas über die in Los Angeles lebenden Europäer. Man kann sich ein Leben woanders nicht mehr vorstellen, und trotzdem fehlen nach einer gewissen Zeit dann gewisse Dinge. Ich rede nicht über gutes dunkles Brot oder Camembert. Europäer können mindestens zwei Sprachen, sind viel gereist, haben Verständnis für unterschiedliche Sitten, sind aufmerksam und gebildet. Sie lieben Theater und Literatur, haben schon mal von Pina Bausch gehört und wissen, dass der neue französische Präsident kein Kommunist, sondern Sozialist ist. Dies sind natürlich grobe Klischees, aber ich muss zugeben, dass ich mir keine allzu große Mühe gegeben habe, sie zu entkräften.

Licht

Wir sitzen im Kino. Je nachdem was wir sehen, weinen oder lachen wir. Das Adrenalin jagt durch den Körper. Und doch besteht die Welt, in die wir gezogen werden, die wir für so bare Münze halten, dass unsere Körperchemie darauf reagiert, aus nichts anderem als Licht. Licht, das einen Streifen mehr oder weniger gefärbten Plastiks durchdringt und auf eine Projektionsfläche trifft. Die Realität des Films, der uns so bewegt, ist eine Illusion, die sich aus vielen Komponenten in unserem Kopf zusammensetzt. So wie Los Angeles.

Mein schönes Bild allerdings ist viel zu romantisch und längst veraltet, denn die alten Filmspulen findet man in unserem digitalen Zeitalter kaum noch. Auch das ist exemplarisch für die Stadt: Kaum will man etwas festhalten, hat es sich schon wieder verflüchtigt. *Here today, gone tomorrow.*

Ein befreundeter Architekt spricht von *Los Angeles à la carte.* Ich bekomme, was ich bestelle. Aber zuvor muss ich wissen, was ich will. Die Reise beginnt immer bei einem selbst, und vielleicht ist das der Grund dafür, dass diese Stadt so polarisiert. Rom liegt da, seit über 2000 Jahren, und lässt sich besuchen. L. A. ist seit 200 Jahren jeden Tag ein wenig anders und geht mit jedem Betrachter eine einzigartige Beziehung ein. Wie bei einem offenen Klavier, dessen Saiten man sich mit einer schwingenden Stimmgabel nähert. Ab einer gewissen Nähe klingen plötzlich eine oder mehrere Saiten mit. Es entsteht Resonanz, eine Verbindung. Bei jedem eine andere. Ein Aspekt im Inneren, irgendein Wunsch, eine Sehnsucht, mit der man herkommt, findet Anklang. Für jeden schlägt die Stadt eine andere Seite an oder gar einen Akkord.

Einer der schönsten Momente ist, wenn Philharmoniker ihre Instrumente ein letztes Mal stimmen, bevor der Dirigent den Saal betritt. Ein Teppich aus Klang. Chaotisch und zugleich geordnete Einheiten. Ein Körper. Melodiefragmente steigen aus der Klangmasse auf und versinken wieder. Man muss genau hinhören, sonst ist es nur Klangbrei.

Ich stehe nachts mit meiner Frau am Mulholland Drive. Wir schauen auf das gleißende Meer aus Licht, und wieder steigt eine Erinnerung an Klang in mir auf. Genauer, an einen Moment vor dem Klang, wenn alle Instrumente gestimmt sind und sich die vielen Musiker zu einem einzigen Körper verbinden. Ein Moment, der das ewige Alles-ist-möglich spürbar macht, voller Kraft und Potenzial. Ein Moment, von dem ich wünschte, man könnte ihn festhalten, einen Keil hineintreiben, um ihn zu vergrößern und ihn vielleicht betreten zu können wie einen Ort. Man wäre in der Stadt der Engel.

Der Dirigent steht still, das Orchester schweigt in Erwartung, die Bögen werden angesetzt, alle holen Luft …

Zum Einstimmen – eine Liste sehenswerter Filme

Die Stummfilme von Chaplin, Buster Keaton oder Laurel & Hardy sind kostbare Zeitdokumente. Die vielen Außenaufnahmen erlauben uns aufregende Blicke auf ein Los Angeles der 1920er- und 1930er-Jahre. Aber auch spätere Filmklassiker zeigen Bilder einer Stadt, die es heute so kaum noch gibt:

Frau ohne Gewissen
Billy Wilders Chandler-Verfilmung mit Barbara Stanwyck ist der Klassiker des *Film Noir* schlechthin. Gedreht wurde unter anderem in Downtown und den Hollywood Hills.

Boulevard der Dämmerung
Ein erfolgloser Drehbuchautor liegt erschossen im Pool einer arbeitslosen Stummfilm-Diva und erzählt als Toter rückblickend, wie es dazu kam. Ebenfalls von Billy Wilder.

... denn sie wissen nicht, was sie tun
Ein Muss – nicht nur wegen James Deans verträumten
Blicks vom Griffith Observatory.

Tote schlafen fest
Von Howard Hawks, dem Meister des *Film Noir*. Hum-
phrey Bogart und Lauren Bacall in einer Welt voller Erpressung und Mord. Kurz nach den Dreharbeiten
haben die beiden geheiratet.

*

Naheliegend, dass die Omnipräsenz des Autos sich auch
im Film niederschlägt. Hollywoods Kino wimmelt nur
so von Verfolgungsjagden in Höchstgeschwindigkeit und
spektakulären Crashs:

Speed
Keanu Reeves und Sandra Bullock fahren einen mit
Sprengstoff bestückten Bus, der nicht langsamer werden
darf als fünfzig Meilen pro Stunde, sonst explodiert er.
Im Berufsverkehr!

The Italian Job
Mit Mark Wahlberg und Charlize Theron. Nach einem
Bankraub gibt es eine irrwitzige Flucht durchs Flussbett –
in drei Mini Coopern.

Terminator 2
Wohl jeder kennt die berühmte Szene, in der Arnold
Schwarzenegger dem Metall-Cyborg-Killer entkommt,

indem er mit seiner Harley durchs betonierte Flussbett
rast.

Grease
Der junge Travolta im Wagenrennen über die schrägen
Seitenwände des Flussbettes.

Nur noch 60 Sekunden
Nicolas Cage und Angelina Jolie müssen in einer Nacht
fünfzig Luxusautos stehlen, sonst ...

*

Eine kleine Auswahl der Filme, die das L. A. Police
Department thematisieren und ein wenig mehr zu bieten haben als »Beverly Hills Cop«:

Colors
Regie von Dennis Hopper, mit Sean Penn und Robert
Duvall, die als Cops versuchen, den Krieg zwischen den
Crips und den *Bloods* zu entschärfen.

Training Day
Der Film spielt im Drogen- und Gang-Milieu und in den
kaputtesten Vierteln von L. A. Mit Denzel Washington
und Ethan Hawke.

End of Watch
Harter realistischer Film über den Alltag zweier Cops, die
dem berüchtigten Sinaloa-Kartell in die Quere kommen.

L. A. Confidential
Die Machenschaften einer Gruppe korrupter und brutaler LAPD-Beamter werden aufgedeckt. Die Handlung basiert auf einer wahren Begebenheit, dem sogenannten *Bloody Christmas*-Skandal. Einer meiner Lieblingsfilme. Mit Kevin Spacey, Russell Crowe, Guy Pearce und dem im Eingangskapitel zitierten Danny DeVito.

*

Und natürlich erzählt die Filmindustrie auch gern von sich selbst:

Inside Hollywood
Robert De Niro, Sean Penn, Bruce Willis. Eine Woche im Leben eines Hollywoodproduzenten. Es geht um nichts als Machtgier und De Niros halbherzige Versuche, die in Scherben zerbrochene Familie nicht außer Acht zu lassen. Regie von Barry Levinson – der weiß, wovon die Rede ist.

Entourage
Serie über einen jungen Hollywoodstar und all jene, die sich in seinem Schein baden. Die Welt der Schönen und Reichen im Haifischbecken.

The Player
Von Robert Altman. Böse Satire über die Medienwelt Hollywoods, in der ein Arschlochproduzent in einen Mordfall verwickelt wird.

Die die Liste der typischen und sehenswerten L.A.-
Filme ist schier endlos. Hier noch eine kleine Auswahl
der Highlights:

L. A. Crash
Nicht nur wegen des phantastischen Schauspielerensembles ein großartiger Film, sondern auch, weil seine
Geschichten an den Berührungspunkten unterschiedlicher Realitäten der Stadt spielen. Als Sandra Bullocks
Wohnung stellte der Regisseur Paul Haggis sein privates
Haus zur Verfügung, um in dieser Low-Budget-Produktion Geld zu sparen.

Collateral
Von Michael Mann. Der Film ist eine Liebeserklärung an
die Architektur der Stadt: L.A. bei Nacht, leere Autobahnen, East L.A., Koreatown. Mit Jamie Foxx und Tom
Cruise, der nicht nur erträglich ist, sondern hier sogar
richtig gut.

Heat
Auch Michael Manns frühere Arbeit spielt im nächtlichen Los Angeles. Mit einem packenden Showdown im
Licht der auf dem LAX (Los Angeles International Airport) landenden Flugzeuge. Mit Al Pacino, Robert De
Niro und Val Kilmer.

Teufel in Blau
Mit Denzel Washington und Don Cheadle. Ein zu
unrecht gefloppter *Film Noir,* der im Los Angeles der

Nachkriegszeit spielt und als Detektivgeschichte, die sich im Milieu der Afroamerikaner bewegt, eine Rarität darstellt. Die Premiere fand kurz nach dem O.J. Simpson-Prozess statt, als die rassistischen Spannungen im Land zu groß waren, um diesen Film einen Kassenerfolg werden zu lassen.

Falling Down
Mit Michael Douglas – zeigt, wo es enden kann, wenn man sich den Verkehrswahnsinn zu sehr zu Herzen nimmt.

Dogtown & Z-Boys
Surfer machen in Beverly Hills unbewohnte Zweitvillen der Reichen ausfindig, um heimlich in den entleerten Swimmingpools das Skateboardfahren zu revolutionieren. Toller Dokumentarfilm mit der coolen Erzählerstimme von Sean Penn.

Blade Runner
Ridley Scotts düsterer Kultfilm mit Harrison Ford und Rudger Hauer. Berühmt ist insbesondere der Showdown im Bradbury Building.

Zum virtuellen Stöbern: Webseiten mit Informationen zur Stadt

www.experiencela.com
Hier sind sämtliche Veranstaltungen nach Datum, Stadtteil und Genre aufgelistet. Unter »*explore*« werden interessante Routen vorgeschlagen, auf denen man die einzelnen Stadtteile auch zu Fuß erforschen kann.

www.laconservancy.org
Eine Seite mit Touren, die tiefer ins Herz von Downtown führen. Die *Historic Downtown Tour* besucht die schönsten Art déco-Gebäude, die teilweise auch von innen bestaunt werden können. Im Rahmen der Veranstaltungsreihe »*The Last Remaining Seats*« werden Vorführungen in einigen der sonst geschlossenen Kinopaläste am Broadway angeboten.

www.lacurbed.com
Hier finden sich viele interessante Neuigkeiten, die nach

Stadtteilen geordnet sind. Eine Karte, auf der alle Case Study-Häuser von Los Angeles verzeichnet sind, erscheint direkt unter

http://la.curbed.com/archives/2011/10/the_case_study_house_map_of_los_angeles_1.php

www.architecturetoursla.com
Die Seite bietet spezielle Touren für Architekturinteressierte. Täglich fahren Minibusse zu den Bauwerken von Frank Gehry, Richard Meier, R. M. Schindler, Frank Lloyd Wright, I. M. Pei und vielen anderen.

www.casestudyhousetours.com
Die Besichtigungen der berühmten Case Study Houses #8 (Eames House) und #22 (Stahl House) kann man hier buchen.

www.hiddenla.com
Ausflüge in das verborgene Los Angeles: Gründerin Lynn Garrett durchkreuzt mit kleinen Gruppen das unbekannte Little Tokyo, organisiert Schnitzeljagden durch Hollywood (den sogenannten *Hollywood Hunt)* und unternimmt gemeinsam mit den Friends of L. A. River (www.folar.org) Touren entlang des Flusses.

www.paddlethelariver.org
www.lariverexpeditions.com
Informationen zu den Kanu-Touren auf dem L. A. River sowie die Möglichkeit zur Buchung eines Trips.

www.movie-locations.com
Wer einen Lieblingsfilm hat und die Orte besuchen

möchte, an denen gedreht wurde, findet hier ausführliche Informationen.

www.findlafoodtrucks.com
Appetit? Auf der täglich aktualisierten Seite erfährt man, wo und wann welcher Food Truck Lunch anbietet. Ansonsten fährt man einfach mittags zur Museumsmeile am Wilshire Boulevard.

www.lagangtours.com
Ich habe ausführlich über die L. A. Gang Tour geschrieben; wer neugierig geworden ist und sich selbst ein Bild machen möchte, findet hier die entsprechenden Angebote.

www.lapdonline.org/crime_mapping_and_compstat
Auf der Seite des L. A. Police Department gibt es eine wöchentlich aktualisierte Karte der Stadt, auf der die neuesten Verbrechen und Tatorte verzeichnet sind. Nichts für schwache Nerven!

www.atouchfromtheheart.com
Webseite von Diego Wallraff, der lange im *Four Seasons L. A.* als Masseur gearbeitet hat und sich spezialisiert hat auf Sexual- und Klangtherapie.

www.eddydeutsche.com
Ebenfalls magische Hände hat Eddy Deutsche. Wer ein dauerhaftes Andenken an L. A. mit nach Hause nehmen möchte, besucht sein Tattoo-Studio in Silver Lake.

www.treepeople.org
www.hollywoodorchard.org
Wer mehr über die Arbeit von TreePeople und Hollywood Orchard erfahren möchte, findet hier weiterfüh-
rende Informationen.

www.flickr.com/photos/lord-jim
Street Art ist vergänglich, und manche Werke wären auf
ewig verschwunden, gäbe es nicht den Goethe-Institut-
Mitarbeiter Stefan Kloo, der durch die Stadt streift und
fotografiert. Auf seiner Seite sind inzwischen über 16 000
Fotografien von Graffiti und Street Art aus Los Angeles
und der ganzen Welt dokumentiert. Empfehlenswert ist
auch sein Buch »Stay up! – Los Angeles Street Art«.

www.oscars.org/insider
Wer sich für das Oscarspektakel interessiert, kann sich
hier anmelden und bekommt dann per Newsletter neueste Informationen zugesandt. Man kann sich auch fünf
Monate vor der Oscarverleihung für Tribünenplätze
bewerben, die dann per Los zugeteilt werden.

www.backstage.com/casting
www.lacasting.com
Und all diejenigen, die als Schauspieler ihr Glück versuchen möchten, finden hier Informationen zu aktuellen
Castings und Auditions. Viel Glück!

Zur weiterführenden Lektüre:
Heinrich Wefing, »Gebrauchsanweisung für Kalifornien«
Paul Watzlawick, »Gebrauchsanweisung für Amerika«

Dank an Petra Haffter, Volker Corell, Stefan Kloo, dafür, dass ihr mir eure Stadt gezeigt habt. Dank an Tom LaBonge, der mir Türen öffnete, Dank an Cornelia Funke für so vieles(!) und danke, Salima.

PIPER

Heinrich Wefing
Gebrauchsanweisung
für Kalifornien

192 Seiten. Gebunden

Selbst wer zum erstenmal in Kalifornien landet, kommt in ein
Land, dessen Bilder ihm längst vertraut sind. Er erkennt die
Golden Gate Bridge und den Hollywood-Schriftzug über L. A.
wieder, die Palmen und die Sonnenuntergänge. Doch hinter der rosaschillernden Fassade gibt es viel mehr zu entdek-
ken: Heinrich Wefing verrät, warum man sich San Francisco vom Wasser her nähern muß, er lüftet das Geheimnis des
Nebels und erklärt, wie ampelfreie Kreuzungen funktionieren. Er nimmt uns zu einer Parade am Unabhängigkeitstag in
Sausalito und zur Fahrt durch das Central Valley mit, weiht
uns in die besten Small-Plates-Lokale ein, zeigt uns die hitze-
flimmernden Highways und die kühle Eleganz der Bauten
O. Gehrys. Er gibt preis, warum der Orangensaftvorrat jedes
durchschnittlichen Supermarkts ausreicht, um das Death
Valley zu fluten – und weshalb in Kalifornien drei Sünden eine
zuviel sind.

01/1498/01/R